汲古選書 64

蘇東坡と『易』注

塘 耕 次 著

目次

蘇東坡と『易』注

はじめに

本書は『易』六十四卦《か》の卦辞・爻辞（経文《けいぶん》）と、それらを解説した伝と称される文章につけた蘇東坡注の中から、易思想の根本に連なる言葉や、人生の参考になるような成句を抜き出し、あわせて蘇東坡の易理解をコンパクトにまとめようと企てた。東坡の言葉を味わうだけでなく、『易』解釈の基本にもできる限り言及した。もともと、読者の対象として、易学に初歩の大学生を選んだため、基礎的な用語に触れすぎている嫌いがあるかも知れない。しかし、漢文が堪能な人にとっても、易学は難解であり、とっかかりで挫折しやすいという声も耳にする。本書のような記述が、少しでも『易』の理解に役立つことになれば幸いである。

易占いは相変らず人気がある。しかし、古来からの易学は宇宙観、人間観、政治観、宗教観などが研究され、倫理学、道徳学、芸術学、建築学、医学などとも結びつけられてきた。どちらかといえば、占いよりもこちらの方が主流であった。しかし、本書は難解な学問を肩肘張って追究しようと身構えたものではない。東坡には名言が多いから、『易』につけた東坡の注釈を読みながら、そこに見られる彼の言葉を味わってみたいと考えている。しかし、味読は同時に彼の思想の核心の一部に触れることにもつながる。気軽に鑑賞しながら、味わいを深めるのは読者次第ということになる。

なお、繋辞伝の章番号については、朱子の『周易本義』の分類に従った。

一　乾䷀

○天豈以剛故能健哉。以不息故健也。

天　豈《あに》剛を以て故に能く健ならんや。息《や》まざるを以て故に健なり。

『易』の最初に位置する卦《か》が乾卦《けんか》である。乾は陽爻《ようこう》一ばかり六つから成る卦で、陽気が強く剛健とされる。乾は初爻の陽から始まり二、三、四、五と上に昇るにつれ、勢いを増し、剛健さを強めていく。最下の初爻は陽気もまだ微少で勢いも弱いと見られる。したがって、初爻には「龍の勢いはまだ微弱だから、世間に出てはならない。実力をたくわえる時期だ」というようなことが書いてある。当然、上に行くほど陽気が増し、天翔《あまが》ける龍にまで変身する。

孔子が乾卦を解説したと伝えられる象伝《しょうでん》という部分に「天は力強い。君子もそれにのっとり、自強の努力を息《や》めてはならない」とある。天は雨の時もあるが、地の陰気と比べ、陽気があふれている。陽爻《ようこう》が六つも重なった乾卦を、天を象徴するものとみたのである。天が絶えることなく、運行を重ねるように、君子もその剛健さに見習うべきだと述べたのだ。

蘇東坡はこの孔子の言葉に注をつけた。

「天は剛だから健（元気がよく力強い）なのだろうか。努力をやめないから健なのである」

何も説明が要らないようにみえる。しかし、ここには蘇東坡の独自の主張もこめられているようだ。彼は剛と健が無条件で結びつくとは考えなかった。剛は健の一つの条件になるかも知れないが、より大事なことはふだんの努力をやめないことだと述べている。天は剛であるが、それがそのまま力強さを生み出すのではない。天が毎日の運行をやめないように、絶えざる努力が健を生み出すと考えた。

彼はこの言葉に続けて、「流水は腐らず。用器は蠹《むしわか》ず。故に君子は荘敬にして日々強く、安肆にして日々媮《うす》し。強ければ則ち日々長じ、媮ければ則ち日々消す」と述べている。

「不断に流れる水は腐ることなく、日常用いられる器に虫はわかない。だから君子は整ってうやうやしくして、日々強くなり、だらしなくのんきに過ごして、日々軽薄になる。強ければ日々成長し、だらしなければ日々衰退する」意味である。秦の呂不韋が編纂したとされる『呂氏春秋』に、「流水は腐れず、戸枢（扉の回転軸）は蠹ず。動けばなり」とあるのを少し変更して東坡が用いている。

○燥湿不与水火期而水火即之。龍虎非有求于風雲而風雲応之。聖人非有意於物而物莫不欲見之。
　燥湿は水火と期せずして、水火之に即《つ》く。龍虎　風雲に求むる有るに非ずして、風雲　之に応ず。
　聖人　物に意有るに非ずして、物　之を見んと欲せざるなし。

『易』乾卦《けんか》䷀の後に文言伝《ぶんげんでん》という孔子の解説を記したと伝えられている部分がある。その中に、「九五《きゅうご》に〝飛龍が天に在る。大人《たいじん》に面会すればよろしい〟とある。これはどういう意味か。孔子はいう。

同声は相応じ、同気は相求む。水は湿に流れ、火は燥に就《つ》く。雲は龍に従い、風は虎に従う。聖人作《おこ》りて万物観《み》ると」とある。

有名な文章が含まれ、ご存じの方も多いだろう。「九五」とは下から数えて五番目の位をいう。数字の九は陽爻を表わす。初爻の微弱な陽が勢いを増し、五の天子の位まで上って来た。『易』では五を最良の位とし、その上の位は盈満に過ぎ、没落が近いと見ている。五まで上ってくれば、すでに天翔ける龍といってよい。下位にある大人《たいじん》に面会し、助言を受けてますます地位を固めることができるであろう。

「孔子いう」以下は次のような意味になる。

「同音の者、同気の者同士は互いに感応し、求め合う。水や火が湿潤や乾燥に引かれ、雲や風が龍や虎に従うのがそれである。同じように、聖人が世に立てば、万物はすべて引かれて仰ぎ見る」

蘇東坡はこの文章に注をつけた。

「乾燥と湿潤は水や火と約束したわけでもないのに、水は湿潤に、火は乾燥に自然に引き寄せられる。龍は雲を、虎は風を求めたわけでもないのに、風と雲は自然にこれに応じる。聖人は万物を集めようとする意識はないのに、万物は自然に聖人を見ようとして引き寄せられる」

東坡はしばしば集団や仲間について語っている。彼が集団に関し特に重視したのは、強制によらない自主的な集まりということであった。文言伝自体にも、もともと強制によらない自然を重視する見方があるが、東坡はそれを更に強調した。

たとえば、男女の感応を述べたとも言われる咸卦《かんか》では、

「情とは〝誠に然《しか》り〟（これが真実だ、本当にそうだと心から感じること）が貴ぶべきものである。雲が龍に従い、風が虎に従うのは理由なく従うもので（真情から出た真実であり）、ここには偽りの入る余地はない」と述べている。

雲と龍、風と虎の結びつきは、東坡によれば利益や腕力など不自然によったものでなく、強制によったものでもなく、心から感応したことで両者は仲間となった。他の理由はない。芸術院会員への推薦を、「いやだからいやだ」と言って断わった作家や、「好きだから好きだ」と言って結婚した夫婦がいたという。これは理由のない理由であるが、考えてみれば究極の理由であり、男女のプロポーズの場合も、最も信頼できる理由となるのではなかろうか。

二　坤䷁

○陰之為物、弱而易入、故易以陥人。
陰の物為《た》る、弱くして入り易《やす》し。故に以て人を陥《おとしい》れ易し。

『易』では宇宙の根源として一なるもの、つまり太極を想定するが、実はそこから生じた陰と陽の二つのエレメントが基本の概念になっている。陽を⚊で表わし、陰を⚋で表わしている。陰と陽にはそれぞれ象徴するものがあり、代表的なものでは陽は天、君主、父、君子、善人などを、陰は地、臣下、母、小人、悪人などを象徴している。

陰は否定的、あるいは価値的に低いものを、陽は肯定的、あるいは価値的に高いものを表わしている。そこで、『易』は女性差別の書物だという意見もある。男を陽、女を陰と見るのは確かだが、男の中でも価値の低い小人が存在しており、それらは陰で表わされる。したがって、陰陽を一概に男女差別と結びつけるのは誤りで、人間性の高低で判断している。陰でも高い人間性があれば肯定的な評価を受け、陽でも人間性が低ければ、低い評価を受けることになる。

ところで、表題にあげた文章は乾卦䷀の次に位置する坤卦《こんか》の初六《しょりく》の蘇東坡注に見える。「陰というものは、柔弱なものゆえに人が近づきやすい。そのため、逆に人は簡単に陥《おとしい》れられる」という。

『易』の序列として、乾卦の次に坤卦が続く。爻は下から数えるから乾卦で最上位まで升って陽は一先ず終わり、続いて坤卦の最下位の陰に移る。つまり、坤の初爻は『易』の中に始めて表われる陰である。ここには「霜を履めば、将来堅い氷になることがわかる」と謎めいた文章が付けられている。

そこで、朱子が尊敬した程頤《ていい》という学者は、陽に味方し、陰の勢いを抑えようとする立場から、次のようなことを述べた。「聖人は陰のはじめにおいて、その成長を憂いていましめを残した。小人の勢いは、はじめは霜のように微弱であっても、長じさせてはならない。長じれば堅い氷のように盛んになる」と。「悪の芽は最初は微弱でも後には巨悪に成長する。最初の段階で摘み取るのがよろしい」というわけだ。朱子もこの立場を受けついでいる。「陽は生をつかさどり、陰は殺をつかさどるから、陰陽には善悪の区別が存在する。聖人は扶陽抑陰（陽を助け、陰を抑える）の意をこめないわけにはいかないのだ」と。

蘇東坡はこの二者ほど強い扶陽抑陰論者ではなかったが、冒頭にあげた注のように、また別の視点から陰の恐ろしさを語った。

蘇東坡注ではこの後に春秋時代、鄭の有名な宰相子産の言葉「水は弱い物なので民はなれてしまい、注意しない。だから死者が多く出る」を引用している。水はもちろん陰の象徴である。

老子は水の徳を尊重し、柔弱な水が堅い岩をも砕く強さを指摘している。水は弱さと同時に強さも恐ろしさも兼備している。蘇東坡も水を尊び、民の反乱を水に喩えている個所もある。ところで、子産の言葉は後継の宰相に向かって述べた教訓であり、「寛容な政策をすれば、かえって多数の民を殺す結果になる」として、法家的な厳しい政策の実行を勧めたものである。

○文生於相錯。若陰陽之専一、豈有文哉。物非剛者能剛、惟柔者能剛耳。
文は相錯《まじわ》るより生ず。若《も》し陰陽の専一ならば、豈《あに》文有らんや。物は剛に非ざる者　能く剛なり。惟《ただ》柔なる者のみ、能く剛なるのみ。

先回、蘇東坡が朱子ほど強い扶陽抑陰論者でないことを述べたが、ここではその例証をあげてみた。「文」は「質」の素朴、粗野などと対比される語で、装飾、洗練などの意味をもっている。東坡の言葉は「文は陰と陽が混じり合うところから生れる。もし、陰か陽かどちらか一つならば、文は生れない。物は剛でない者が、剛であることができる。ただ、柔なるもの（陰）だけが剛になることができる」意味だ。この言葉のあとに、「畜《たくわ》えて発せず。其の極まるに及びてや、之を発すれば必ず決す。故に〝沈潜なれども剛克〟という」と続く。「陰柔が力をたくわえ、その極まりで力を出すならば、必ずきっぱりと決着をつける。だから、〝地は陰柔で深くくぐもっているが、堅い金石をその中から生む〟と言われるのだ」最後の文章は『書経《しょきょう》』からの引用である。ここでは、「文」の誕生には陰が陽と並ぶほどの重要さを持つことと、陰が内に秘める力強さを強調している。
東坡も実は扶陽抑陰の立場を取っていた。しかし、彼は陰の重要性を相当に認め、陽と陰の協力関係もしばしば説いた。また悪（陰）は、絶対的なものでなく、相対的なものと考えていたし、完全な善人がいないのと同じく、完全な悪人も存在しないと述べていた。後に見る遯卦☰☶の経文には、「下から迫ってくる陰から陽が早逃げする」という言葉が見える。陽の早逃げについて、東坡は「それによって陰に善心が生れることを期待するためだ」と論じている。

後に見る臨卦☷☱の爻辞に「咸臨」という言葉がある。この卦は先の遯卦と逆で陽が下から陰に圧力をかけて迫る卦とみられている。朱子は「咸臨」は「徧臨」、つまり「あまねく迫る」「すみずみまで迫る」意味で、陽が陰に威圧的に迫る様子だと捉えた。陽として陰にそのような態度で迫ることが正しいと考えたのである。これに対し、東坡は「咸」を「感応」、「交感」の意味に捉えた。つまり、陽は陰に威圧的に迫るのでなく、互いに心を通じ合わせ、相手を感化するのが正しいと考えたのである。陰（悪）を完全に除くことは、無理であり、陰にもふさわしい地位を与えておかねばならないというのが、東坡の基本的な考え方であった。この両者の違いは大きい。

実は朱子も陰が陽に劣らぬ大きな価値を持つことを認めていた。例えば、「仁義」の徳において、「仁」の徳は陽に、「義」の徳は陰に属すと述べ、同じく「健」の徳は陽に、「順」の徳は陰に属すと述べている。一見、陰と陽を等価値と見ていたように思われる。しかし、仁と義を比べると、仁が上級の徳であるように、最終的には陽が優れていると見たのである。

三　屯䷂

○物之生、未有不待雷雨者。然方其作也、充満潰乱、使物不知其所従。若将害之。霽而後見其功也。

物の生じるは、未だ雷雨を待たざる者有らず。然れども其の作《おこ》るに方《あた》りてや、充満潰乱し、物をして其の従う所を知らざらしむ。将《まさ》に之を害《そこ》なわんとするがごとし。霽《は》れて後、其の功を見《あら》わすなり。

『易』の卦の順序は乾、坤の次に屯《ちゅん》という卦が続く。屯は「伸びることができない」「行き悩む」という意味で、「屯」字は草の芽が堅い土から抜け出すのに苦労する形とされている。乾（天）と坤（地）は力を合わせて万物を生むが、創造には産みの苦しさがある。そこで、屯という困難を象徴する卦が三番目に置かれている。

自然界でも人事の世界でも、混沌や混乱の収拾には困難がつきまとう。そこで、孔子は「雷雨の動きが満ち満ちている。天は万物を創造したばかりで、天地はまだ明らかでない。諸侯を建てて治めさせるべきだが、それだけで安閑としていてはよくない」と述べている。自然と人事、両者に目を向けた議論である。

冒頭にあげた蘇東坡の文章は次のような意味だ。

「物が生じるときは、雷雨を待って生じる。しかし、雷雨が起こるときは、気があたりに充満し、秩序はちりぢりに乱れ、どこに従えばよいか分からなくさせ、まるで万物に害を与えるかのようだ。晴れ渡ったのちにはじめてその功が現われる」

　この文章を読めば、彼が万物を生む天の働きを、無意識あるいは無作為と捉えていたことがよく分かる。実は他の個所でも、次のように指摘している。

「雷や稲妻や風や雨や日月寒暑がこもごも働き、互いに起り、天は雑然とそれらを施すが、択んで施すわけでなく、突然に完成させて、作為は一つもない。その働きが止むと、功は顕れ、体は分かれる」（繋辞伝上一章注）。天が無作為に万物を生み出すようすを巧みに捉えている。

　東坡の右のような文章を読めば、万物を生み出す天と、芸術家の姿がダブって見える。芸術は人格を持つ制作者が、作品を生み出す行為であり、人格の無い天や道が物を生み出す行為とは異なっている。しかし、創作活動という点では同じであり、両者が全然無関係とも考えられない。彼が芸術において、無作為を重んじていたことは草書の名家、唐の懐素の書を、「もともと、たくみに書こうしないから、たくみに書くことができる」と絶賛したことでもよく知られている。

　道という宇宙の根源から生れた陰陽は、雷雨となって、この世界に万物を生み出し、生長させる。初めは秩序なく見えても、完成した姿は理想的な作品となっている。真の芸術家と作品もそのようなものではなかろうか。

　冒頭の文章の続きには、「天が物を造るときは、一つ一つ丁寧に作るであろうか。ぼんやりした中に荒っぽく行なうだけだ」とある。ちなみに、墨竹画の名手、文同を褒めた言葉にも、「一節一節、葉を一枚一枚描くだろうか。それでは生命力がなくなる。急いで素早く筆を走らせるだけだ」とある。

四　蒙䷃

○蒙者、有蔽於物而已。其中固自有正也。蔽雖甚、終不能没其正。
蒙は物に蔽われこと有るのみ。其の中に固より自ずから正有るなり。蔽われること甚だしきと雖も、終に其の正を没すること能わず。

「蒙」とは「無知蒙昧」という言葉があるように、愚かで道理に暗い意味である。卦形の上体の三爻（上卦《じょうか》）は山を、下体の三爻（下卦《かか》）は水を象徴している。山に突当った水は前進することができず止まってしまう。進歩がなく遅滞していることから、「蒙」と命名される。

この卦は人間性や教育という問題について示唆に富んでいる。

下から五番目の陰爻（六五《りくご》）に付けられた辞に、「童蒙、吉なり」とある。「童蒙」は「幼い愚か者」をいう。なぜ、幼い愚か者が吉なのだろうか。その前になぜ「童蒙」のような語句がこの爻に出てくるのだろうか。実は上体の艮《ごん》☶は末っ子の象徴とされるので、「童」と関連性がある。ただ、末っ子が無知とは限らず、無知な大人もいる。ここの童は年令に限らず、一般的な無知の象徴と考えればよい。「蒙」はこの卦が蒙について論じた卦ということ、また五爻が陰爻だからと考えられる。陰爻は陽爻の「賢明」と対比されている。それにしても、五の位は六爻の中では最高位であるのに（乾卦参照）、「童蒙」の語は余りにもふさわしくない。蘇東坡は次のようなことを述べている。

「六五の位は尊い。だから、この位にある者は童蒙の分に安んぜず、自らを賢明だと見せようとする。そこで、この人物に〝童蒙であることはむしろ吉なのだ〟と教えているのだ」

東坡によれば、「童蒙、吉なり」は、「尊位にあっても自らの童蒙であることを正直に示し、謙虚に人の教えを受ければ吉になる」と聖人が説いたことになる。

さて、冒頭の東坡の文章は次のような意味だ。

「蒙とは物に蔽われているだけだ。蔽われている中にも正しさは残っている。甚だしく蔽われていても、その正しさを無くさせることはできない」。「物」とは、正しさを蔽うもの、例えば傲慢や憎悪や嫉妬や欲望などを思い浮かべればよい。教師としての役割はその蔽いを取り除き、正しさを伸ばすことである。

冒頭の言葉に続けて、彼は次のような教師論を述べている。

「人間の内部に戦慄がおこり、蒙を脱け出て、物事の理解に達したいと望むときがある。達したいと望む時を利用して、ひとたび啓発して導き、正心をむかえてやる。すると彼は激しい勢いで自分から悟るようになる。仮にも相手が達しようという気持ちにならないのに、無理に啓発しても達することがない。そのようなことを再三すれば、正しい物を得るとはいえない」

世間では相手の自発心も待たず、啓蒙的な指導力を発揮しようと焦るお節介がいる。それは、相手を強制することで、むしろ逆効果だと指摘しているのである。東坡が重んじたのは、相手の自発的な向上心を待つことであった。「やる気が十分でなければ、教えない。求めあぐねているのでなければ、教えない。

一つのことを言えば、三つのことを覚って反問するようでなければ、それ以上は教えない」（『論語』述而篇）というのが東坡の理想であった。

五　需☵☰

○敵至而不忌、非有余者不能。
　敵至りて忌まず、余り有る者に非ざれば能くせず。

「敵が来たときも嫌って避けることがない。余裕がある者でなければ出来ないことだ」の意味である。「需」は「待つ」意味で、卦形の上体は水、下体は天の象徴である。下体は陽爻が三つあり勢いが強い。陽気は上に昇るから、勢いにまかせて上体の水に向かって進もうとする。水は困難の象徴でもある。焦る気持ちが水の深味に落ち込む失敗を招くことがある。危険を前にして待つことが大事なので、「需」と命名された。

初爻は上体の水から遠く離れている。そこで「郊外で待つ」という辞が付いている。焦る気持ちを抑えて、じっと待つ用心深さが評価されて「災いがない」とある。二爻は水に少し近づいている。そこで「砂地で待つ」という。水に近づいたので「少し小言をくうような災難があるが、最終的には吉」とある。三爻は「泥で待つ」。「水に近づきすぎて、災いを招く」とある。

下体の天、つまり乾《けん》☰の特徴は勢いの強さである。多少の危険は顧みない進取の気風に富む有能な人物、あるいは勇気はあるが多少粗暴な人物に比べられることが多い。

これに対して上体の水☵はどうか。困難を示すと同時に、一人の人間としては険しい性格の人物を表すと見られている。

特に上体の四爻と上爻は陰である。『易』の考え方では陰は陽に比べて力が弱い。また、四と上（下から数えて六番目の位）は偶数位である。偶数位は奇数位に比べやや劣った位と見られる。陰爻で偶数位に居るのは、二重に弱い意味がある。そこで、四は自分の位が下位から昇ってくる陽に奪われるのではないかと恐れ、抵抗する。そのようすが、四爻の辞に「血に待つ。穴より出る」と述べられている。争って血を出し、穴から逃げ出す意味である。上爻の辞では「三人の招かざる客（陽）がやって来た。穴に逃げ込む。敬うことで攻撃を免れようとして吉だ」と述べられている。実力不足の結果である。

四と上に比べ、五は陽爻である。しかも、奇数位に位置している。陽爻で奇数位に居れば、二重の意味で力が強い。かつ五の位は六爻の中で首長に相当する。天子や君主、現代の会社では社長の位である。その上、上体の真ん中に位置している。『易』の用語で「中」といい、人格的にも中庸、公正な性格とされることが多い。このような長所を具えている上に、なお陽爻として下体と同類の仲間である。

そこで、五爻の辞には「酒食を用意して待つ」とある。これについて、東坡は冒頭のような注釈を付けた。その続きに次のようにいう。

「酒食を用意して待つとは、警戒の備えを去って待つことだ。四と上の二陰には理解できないことだ。五が警戒せずに待つので、下体の乾は必ず心服して、働きを示そうとする。五の態度こそ、正しい態度で吉を得る所以である」。交際においては、警戒を棄て、余裕をもって相手を受け入れることが大事だ。その態度が信頼を生むのである。

東坡はここで余裕を示すためには、必ず力を持たねばならないと強調しているのではない。誇示する力を所有しない者の強みも指摘していることを後述（大有卦）したいと思う。

六　訟☰☵

〇使勝者、自多其勝、以夸其能、則訟之禍、吾不知其所止矣。

勝つ者をして、自ら其の勝ちを多とし、以て其の能を夸《ほこ》らしめば、則ち訟の禍　吾　其の止まる所を知らず。

蘇東坡の注はやや長いので、省略したが、その部分も入れて訳せば、「勝者にその勝利を自慢し誇らせ、勝たなかった者に勝たなかったことを恥じ入らせ、その悪を遂げさせるならば、訴訟の災いは止まるところを知らない」となる。

「訟」は「訴訟」の意味である。中国では孔子の時代から裁判が盛んであったらしく、孔子も「訴えを聞いて判決を下すことにおいては、私は他人と変わらない。しかし、それよりも私は訴訟を無いようにさせる」と希望を語っている。

卦形の上の乾《けん》☰は天で勢いが強すぎる人物、下の坎《かん》☵は水で困難や悩みを抱えた人物。争いが起こりそうな情況から「訟」と命名された。

各爻の関係をみても争いの情況が良く分かる。『易』では上体と下体で対応する爻が陰陽なら、両者は互いに引かれ合うとみて「正応」という。陰同士、陽同士は反発するので「敵応」という。今、卦形を見れば、初爻の陰と四爻の陽、三爻の陰と上爻の陽は正応で引かれ合う。それに対し、二爻の陽と五爻の陽は敵応で反発しあう。ただ二爻の陽は二つの陰と隣り合っている。『易』では隣り合う陰陽は互いに引かれ合うと見る。この関係を「比」というが、しかし比は応より一段低い関係とされる。いわば不倫の関係である。一方、三の陰も四の陽と比である。そこで、四の陽は正式な初の陰という相手がありながら、三に引かれる。初も二に引かれる。上は応の三が四に引かれるので、四に対し悪感情を持っている。このように爻同志は複雑に絡み合い、互いに憎しみと争いを増長させている。

この中で五爻は上体の真ん中で中庸の性格、かつ君主の位にいる。さらに、応（正応）や比という私的関係も持たない。私的関係を持たないことが、訴訟の卦ではむしろ高く評価される。偏見に縛られにくく、公正さを保ちやすいからである。そこで、訟卦では五が彼らの訴えを聴く裁判長と見られている。

この卦は訴訟について興味深い内容となっている。

二の陽は初と三を得ようとして訴訟に負け、二と三は彼のもとを去る。四の陽も三を得ようとして訴訟に負けた結果、初との関係を復活させる。上の陽は二と四のものになろうとしていた三を訴訟に勝って得ることになった。陽爻のうち、裁判長の五を除けば、上爻だけが勝訴に終わった。ところが、判断の辞をみれば、二は「災いなし」、四は「吉」とあるのに比べ、上は「大帯を賜るが、三度も奪われる」と不吉な語が付いている。

蘇東坡によれば、ここにこそ聖人の深い意図がこめられているという。勝訴した者を自慢させ、敗訴した者を恥じ入らせるなら、訴訟は決してなくならないと考える。訴訟をなくすために、聖人は一見逆に見える判断の辞を挿入したというのである。

七　師䷆

○聖人之師、其始不求苟勝、故其終可以正功。
　聖人の師、其の始めは苟《いやしく》も勝つを求めず。故に其の終わりは以て功を正すべし。


「師」は軍隊のことである。「聖人の軍隊は、始めに好い加減な勝利を求めようとしない。だから、最後は功績を正しく評価できる」意味である。

「国の大事は祀（祭祀）と戎（軍事）にあり」（左氏伝）、「兵は国の大事」（孫子）と言われるように、軍事は祭祀と並び国の存亡の基礎である。しかし、「兵は不祥の器にして君子の器にあらず」（老子）とあるように、用い方により、民衆に多大な害も与えるから「不祥の器」（不吉な道具）とされる。軍隊の存在自体も、不吉を予感させる。蘇東坡は「兵は一日も無くてはならないが、人に見せるべきでない。古人も〝先王は徳をかがやかせたが、兵を示すことはなかった。兵はおさめて動かさず、動かすべき時に動かすので、そのため動けば威があった〟と述べた」と指摘している。

卦形は上が地、下が水。地の中を水が流れる。東坡はこのことから、「師の卦形は地の中に水がある。兵は地中を行く水のごとく、人に知られることがないようにすることを示したものだ」とも論じている。

軍隊で指揮を執る将軍はどのような人物がふさわしいか。『易』には「丈人であれば吉で災いはない」

と見える。「丈人」について、東坡は「老成人なり」という。「老成人」とは、殷の湯王を補佐して革命を成功させた伊尹《いいん》など、古くからいて物事に熟錬した人物をさしているようだ。

東坡はまた一方で、「陰柔な性質の将軍は、勝ちを好み、敵を軽んじることについては心配でない。弱々しくて疑い深いのが心配だ」と優柔不断な将軍も頼りにならないと考えている。

しかし、とりわけ重視したのは、軍の始めに秩序のあることだった。『易』の文章に「師は出陣のとき、厳しい律を用いる。それができなければ、良くても凶」とある。東坡はいう。「師は出陣のとき、律を用いないわけにはいかない。そうでなければ、良くても凶だ。そもそも律を用いるのは正勝であり、律を用いないのは奇勝である。奇勝は良いといえる。しかしその利は近くにあるが、禍が遠くにあり、得るものは小さく、失うものが大きい。師を終えるとき、そのことは明らかになる」

さらに次のように指摘している。「師の始めと終わりは、聖人がとりわけ重んじる。出陣には律を厳しくし、軍を収めるときは功績を正す。小人はもぐり込むすきがない。小人がもぐり込むのは、いつも律を用いないことから始まる。律を用いないから奇勝が可能なのだ。しかし、奇勝するような人物と安楽をともにできようか。彼らの一勝の功を記録して諸侯や大夫にするなら、乱はそこから始まることになる」

始めに軍律を厳しくしておけば、戦後の論功行賞も小人の入る余地はなく、正しく行なわれるということである。

八　比☵☷

○急於求人者、必尽其誠。
　人に求むるに急なる者は、必ず其の誠を尽くす。

「比」は「親しむ」意味で、上体は水、下体は地を表わしている。上にある水が下の地にしみ込むことから「親しみ」を連想し、「比」と命名された。
　先に見た師卦と比べれば上下がひっくり返り、反対になっている。そういえば、その前の屯卦☵☳と蒙卦☶☵、需卦☵☰と訟卦☰☵も反対になっている。このことから見れば、『易』卦の順序に何か法則性がありそうに見える。このことはしばらく置き、比卦には陽爻が一つしかない。陰と陽が求め合うとすれば、唯一の陽は他の五陰が求める対象である。「親しむ」という卦において、五陰は陽爻に親しもうと焦る気持ちを持っていると解釈される。しかも、五は最も尊貴な位である。陽爻が奇数位に居るのは「正」を得ていると見なされ、上体の真ん中に居ることと合わせ、「中正」と称される。五はこのような美点を備えている。喩えて言えば、数多《あまた》の女性の中に一人の高貴な男性がいるようなものだ。女性をひきつけるのも当然であろう。男女になぞらえるばかりでなく、英明な君主と、君主を崇拝する臣下たちと捉えることも可能である。

今、九五《きゅうご》と六二《りくじ》を見てみよう。両者の関係は上体と下体の対応する爻の位置で陰陽互いに応じているから「正応」と言われる。「正応」は陰陽の正しい関係で、互いを補助し合う友好的で望ましい関係と見られている。しかし、蘇東坡は「六二が応の九五に親しむのは、二の陰においては貞吉（正しい態度で吉）であり、自らを失うことがない者ということができる。しかし、五の陽においては陋（せまい態度）だ」と述べ、この関係を否定的に捉えた。

後にも述べることがあろうが、君主にも比定される五の尊位から言って、応を持つことは好ましくない場合がある。君主として特定の個人にだけ親しみがあるのは陋であり、親しむ人物を更に拡げなければならない。君主の位にあるものは、交際を限ることなく、幅広く人材を求め、友好関係を結ぶべきだと考えるのである。実はこれは六朝時代の王弼《おうひつ》という人物の意見を、東坡がそのまま借用したものだ。

ところで、五と交際を結ぼうとする陰の中で、初爻は五の陽から最も遠く離れている。そこで東坡は次のようにいう。「初の陰（初六《しょりく》）は最下位に居て、上にも応じる陽（正応）がない。親しむことにあわてている者と言うことができる。このような人物こそ、誠意を尽してくれる者だ」

その下に続けていう。「だから、初六ほどまごころのあるものはいない。九五が初六の性急さを軽視するなら、慕い寄って来る者もなまけて来なくなる。信頼というものは、はじめははなはだ微弱でつましい関係であっても、それによって他の来る者を招き寄せることができる」と。君主は最も遠くにある微小な存在の信頼に答えることで、他の者も自分に招き寄せることができる。微賤な者の誠意をあなどるべきではないのである。

九　小畜☴☰

○陽之畜乾也、厲而畜之。厲而畜之者、非以害之也。将盈其気、而作之爾。

陽の乾を畜《とど》むるや、厲《はげ》しくして之を畜む。厲しくして之を畜むるは、以て之を害《そこな》わんとするに非ざるなり。将《まさ》に其の気を盈《みた》して、之を作《おこ》さんとするのみ。

小畜の上体は風、下体は天を象徴している。この卦は前の比卦☵☷と異なり、陰爻が一つしかない。では、比卦と逆にこの一陰が崇拝の対象となっているかと言えば、そうではない。『易』には一筋縄でいかない部分があり、原則がそのまま他にも通用するとは限らず、無原則と見えることもある。『易』の難しさと面白さであろう。

小畜卦では下体の天は、陽気が強く、剛健で上昇しようとする勢いが強い。下体の天を「乾《けん》」とも呼び、剛健の「健」と通じている。対する上体は「風」でそれを抑えて止めておく力が不足している。

上体の風の性格は「順」とも見られている。素直に命に順《したが》う意味で、下体の三陽をしっかりと受け止めることができない。むしろ、受け流して素通りさせるような柔弱さに特徴がある。また上体は陰卦と呼ばれて弱い卦とされる。三爻の卦のうち、陰陽の数を比較し、少ない数の方が主体的な役割を持つとされ陰卦陽卦が区別されている。☴は陰卦である。小畜卦の上体は下体の乾を止める力が少ないから「小畜」

と命名されたのである。

　陽は君子と見られる。君子はどうにかして、働きを発揮できる地位を得て、能力を見せたいと願っている。しかし、上体の風は乾を受け入れて働かせるほどの能力がない。東坡は乾について次のようなことを述べている。「乾というものは、止めておくのが難しい。止める者がそれにふさわしい人物でなければ、彼のもとで働きを示そうとしない。働きを示そうとしないが、しかし一度来たなら、思い切って去ることもできず、未練がましく振り返る。そのために病むことになる」。小畜の卦辞に「西の空に厚い雲がかかっているだけで、まだ雨が降らない」とある。これは高位置にいても能力のない人物のもとに、乾が行こうか行くまいか、途中まで来たがさてどうしようかとためらっている様子を示している。「雨」は庶民を潤す「恵みの雨」「恩沢の雨」で、乾の能力の一部である。

　このような悲劇の大部分は、上体が弱いことに帰因している。

　実は小畜に対比される卦に大畜☶☰という卦がある。見たとおり、上体の形が変わっており、「艮《ごん》」と呼ばれ、「山」を象徴している。山は陽卦であり、「動かざること山の如し」と言われるように、不動の象徴である。大畜の場合、下から勢いよく昇ってくる乾をしっかり受け止める力がある。止め方も激しく、叱咤激励するような強さもある。大きな力で止めるから「大畜」と命名された。

　冒頭の文章は実は大畜の上体の徳を述べたものだ。これに小畜を取上げて以下のような文章が続く。

「陰（陰卦）の乾を畜《とど》むるや、順《したが》いて之を畜む。順いて之を畜むるは、以て之を利するに非ざるなり（相手を利するのではない）。将に其の安きに即《つ》いて之を縻《つな》ぐのみ（自己の利益のために乾をつなぎとめるだけ）」。

小畜の上体の非力と狡猾を述べたものである。

十　履☰☱

○履虎尾。不咥人。

虎の尾を履《ふ》む。人を咥《か》まず。

履卦は上体が天、下体は沢。性質は上が陽三つで剛健、下は悦《よろこ》びとされる。下体の「悦」は、中国のような広大な土地で沢の水に遇うことは喜悦（よろこび）に通じるからであろう。

易の八卦《はっか》と言われるものには、八つの基本形☰、☷、☳、☵、☶、☴、☲、☱がある。この八つが互いに組み合って『易』全体の六十四卦が生れる。八つの形にはそれぞれ独特の呼称と多くの象徴があり、☰は「乾《けん》」と呼ばれ、天や父を象徴している。☷は「坤《こん》」と呼ばれ、地や母を象徴している。残りの六つの卦は父と母から生れた子供たちとされる。なぜかと言えば、まず、父☰と母☷が一回目に交わる。母の体に父の陽の気が入って☳を生む。だから、これは長男。二回目に交わって☵を生む。これは次男。三回目に交わって☶を生む。これは三男。今度は父の体に母の陰の気が入り、順次☴、☲、☱を生む。これは長女、次女、三女に当る。夫婦の子供は三人とは限らないから、長子、末子以外をすべて中男、中女と呼び、それぞれ長男、中男、少男（末息子）、長女、中女、少女（末娘）と呼ぶことがある。これらも数ある象徴の中の一つである。☱の象徴は「沢」であり、「少女」であり、「喜ぶ」でもある。

「履」は「履《ふ》む」意味がある。今、履の卦形を見れば、上体が父、下体が少女。ここから連想できるのは、父のすぐ後を心をはずませながら、付いていく少女の姿である。余り喜びすぎてついつい父の靴かズボンの端を履《ふ》みつけてしまった。そこで「履」という名称がついている。『易』ではこのような自由な連想ができるのが楽しい。今、上体と下体の関係をみたが、爻同士の関係でみればまた別の連想が生れる場合もある。

ところで、冒頭の文章は「虎の尾を履んだが、噛みつかれなかった」意味である。これは蘇東坡の言葉でなく、履卦全体の主旨を概括して述べた卦辞という部分に出てくる。「虎の尾を履む」は「危険な目に遇う」ことで、『書経』という書物にも出てくる。黒沢明監督の「虎の尾を踏む男達」は義経と弁慶主従の安宅関の危難を主題にしたものであった。

しかし、なぜ虎に噛まれなかったのであろうか。朱子は次のようなことを述べている。「履とは後に続いて進む意味である。下体が喜んで上体の乾に遇い、和悦の心で乾の剛強の後に続いて進む。虎の尾を履んでも傷つけられないイメージがある。人がそのような態度を取ることができれば、危難にあっても傷つけられない」

これは上体の乾を虎と見、下体が和悦の徳をもって後ろについて行くので、噛まれることがないという解釈である。「履」を「足で尾を踏みつける」のでなく、「足跡をつけていく」「先行者の後に続く」意味に取っている。

ここでは、朱子の解釈を述べたが、蘇東坡の解釈は次回で見ることにする。

○両剛不能相下則有争。

両剛相下る能わざれば、則ち争い有り。

「二つの剛強なものが互いに相手に下ることができなければ、争いが起こる」意味である。先に履卦を上体と下体の関係から見たが、今度は主に爻に目を移して、東坡の独特な解釈をみよう。履卦は陰が一つしかなく、卦全体の中で重要な働きを持っている。下体の中でももちろん重要な意味を持っている。

蘇東坡によれば、三は陰で弱いのに、二の陽剛を下に踏みつけている。『易』では陰が陽の上に在ることを「乗」と呼び、評価されない。逆に陽の下にあれば「承」と呼び評価される。東坡は三の陰が二の陽剛を踏んでいることを、「虎の尾を履む」危険な状態と理解した。この解釈では二が虎になる。

上体と下体から言えば、上体は純陽（陽ばかり）の陽卦であり、上位に位置して力があり、下位にいて力の弱い陰卦を支配しようとする。上体の三陽の中で権力のあるのは君位にある五爻である。五爻の陽爻は陽位にいて正位、上体の中位を得、「中正」とされ高く評価されている。下体はどうか。先に三の陰は唯一の陰で重要性を持つと述べたが、三は陰で力も弱く、陰爻陽位（陰爻で奇数位）の不正な位にいる。それに対し、九二の陽は下体の「中」に位置し、九五と敵応で向かい合っている。そこで六三を権威者、九二を権力者に喩えることができる。九五と九二は陽剛の強い者同士で対立する。本来、君位にある九五にとって九二は臣下にすぎず、五は二を服従させることができるはずである。しかし、二も「中」の好位置を得ているうえに「虎」の力も持っている。九五が力づくで二を屈服させるには相当の損害のあることを覚悟せねばならない。ではどうすればよいか。

東坡はこれらの対立関係を興味深く解釈し、九五の最善の方策を次のように述べた。

「九五は九二を有していながら、使役させることができない。そこで六三によって、二を使役する。二は虎であるのになぜ弱い六三に使役され、しかも六三を噛まないのか。六三が上体の乾に応じているからである。六三は下体〝悦〟の徳の本質を為す爻であり、和悦の徳で乾に応じている。強い乾に応じているため、九二も遠慮して六三を噛むことができない。弱い三が二を使役でき、強い乾が二を使役できないのはどうしてか。乾は剛であり、九二もまた剛であるからだ。〝二つの剛強なものが互いに相手に下ることができなければ、争いが起こり〟、乾は病むことになる。だから、乾は自ら九二を使役せず、六三に九二をあずける。六三は力比べをすることのない弱い柔であり、権力からはずれた位にいる。だからこそ、九二は楽しんで六三に使役される。二が三に使役され、三が五に使役されるなら、五が二を使役するのとどうして違いがあろう。五は病むこともなく、二を使役させる功を持つことになる」。五は二との直接対決を避け、三を用いて二を使役させる。三にとっても乾の後ろ盾は重要な働きをもっている。五の巧みな外交が光っている。繫辞伝下七章の注にも、「履卦の九五は下の六三を厚遇して病むことがなく、六三は下の九二を厚遇して十分な行動ができる」と見える。なお、「乾」は九五を言うときと、上卦全体を指す時がある。

十一　泰䷊

○聖人独安夫泰者、以為世之小人不可勝尽。

聖人独り夫《か》の泰に安んずるは、世の小人勝《あ》げて尽くすべからずと以為《おも》へばなり。

「聖人が泰に安んじるのは、世間の小人を除き尽くすことができないと考えるからだ」

「泰」は卦の名称で卦形は䷊、上体が地、下体が天になっている。この卦形と対比されるのが「否」で、卦形は䷋、上下が泰と逆になっている。「泰」は安泰の意味、「否」は閉塞の意味になる。天地が正常な位置にある形を「否」、天地がひっくり返っている形を「泰」と命名するのは、誤りではないかと考えたくなる。しかし、陰陽の気を考えれば、陽気は上昇し、陰気は下降する。否卦は陽が上に、陰が下にあり、二気は上下に離れるばかりで混じり合うことがない。陰陽の気の混合から万物が生じるとする中国人から見れば、䷋からは何も生れてこない。だから、「否」と命名されたのだ。

陰陽の勢力争いから卦形を見る考え方もある。今、䷗という卦形を見てみよう。陰気が圧倒的に優勢な中、陽気が地面の下に微弱ながら復活した形である。『易』ではこれを「復」と呼び、冬至の月、つまり旧暦の十一月に当てている。冬至を「一陽来復」（一陽が戻って来る）と呼ぶのは、一陽が最下位に戻って来たことをいう。復活した陽気は今後下から徐々に勢いを増し、䷒（十二月）→䷊（一月）→䷡

（二月）→䷪（三月）→䷀（四月）と変化し陰気を排除していく。排除された陰も翌月には䷫（五月）と最下に復活し、今度は陰が徐々に下から勢いを伸ばし、最後には䷁（十月）となり陽をすべて排除する。その後、再び一陽来復して十一月となる。季節の推移循環する姿を陰陽の消長から述べたものである。

問題の泰卦は一月で初春に当る。陰と陽が数的にも釣合いが取れ、卦形も美的なので、易者の看板に常用されている。単に美的なばかりでなく、泰卦は陰陽の消長から言えば、下から伸びていく陽に勢いがあり、望ましい卦とされる。「冬来たりなば、春遠からじ」で、陽気の伸張を期待し、暖かさの増すのを願うのは人情であろう。

『易』では陽を君子、陰を小人の象徴としている。この観点から見れば、泰は君子と小人の数が匹敵している。普通に考えれば、䷗（復）より䷒（臨）、䷊（泰）より䷡（大壮《だいそう》）、䷡より䷪（夬《かい》）と陽が多数を占める卦の方がなおさら望ましいはずである。しかし、『易』を作った聖人は泰卦が最善の卦と考えた。東坡はその理由を冒頭にあげた文章のように解釈したのである。東坡の注釈をもう少し続けてみよう。

「もし小人に迫り、除こうとし、彼らに拠り所を失わせれば、勢いとして必ず争いとなり、勝負の勢いは決着しないだろう。だから、君子は中に居って支配し、小人にも外に居場所を与え、排斥しない。こうすれば、君子の憂慮はなくなる。これぞ泰が最も安泰な理由である」

小人だからといって一概に排斥しない。これが東坡の基本的な考え方であった。

十二　否☰☷

○自泰為否也易、自否為泰也難。

泰より否と為るや易《やす》く、否より泰と為るや難《かた》し。

「安泰の情況から悪い状況に移るのは簡単、悪い状況から安泰に移るのは難しい」

学問の成績でも、技術でも、人格の向上でも、国家の浮沈でも、上位で安定しているのは困難だが、落ちるほうはたやすい。「否」は否定的、閉塞的な情況を示している。

『易』でいえば、泰の卦形は☷☰、否の卦形は☰☷である。泰は復☷☳で最下に生じた陽が勢いを増し、三の位まで伸びた形である。この卦形が泰と呼ばれる理由の一つは、先回述べたように、陽爻と陰爻の数が匹敵し、均衡がとれていることにある。陽（君子）が勢いにまかせて上昇し、陰（小人）を更に排除するより、ここで踏みとどまっている方が争いも起こらず、平和で安定している。もし、陽が更に進もうとすればどうなるだろうか。

泰卦の三の言葉に「平らかなものは傾かないことがなく、往《い》くものは復《もど》って来ないことがない」とある。簡潔に言えば、「安定したものは必ず傾き、出かけたものは必ず戻って来る」意味である。蘇東坡は次のような注をつけている。

「乾（天）は本来上に位置するもの、坤（地）は本来下に位置するものである。泰卦で下の乾天☰が今の位置に安んぜず、もとの位置に戻ろうと坤☷に迫れば、柔順な坤も逆らおうとする。〝安定したものは必ず傾く〟意味だ。坤が上に安んずることができなければ、下に戻って、乾の位置を奪おうとする。乾が進んで行くことが、逆に坤の戻ることを速めることになる。〝出かけたものは必ず戻って来る〟意味だ」。泰卦はその卦形から見て、必然的に上下の転倒を呼起す。これには争いも起こるが、陰陽の感応が万物を生み、宇宙は生生の気に満ち、活気も生じてくる。

しかし、上下が転倒し、乾天が上、坤地が下に位置すれば、両者とも本来の位置に戻ったと考え、安住になれて今度はなかなか動こうとしない。これでは、否の状態が永続することになる。そこで東坡は冒頭のような観察を行ない、かつ警告を出した。彼の注釈をそのままあげてみよう。

「泰から否になるのは容易であるが、否より泰となるのは困難である。何となれば、陰陽が位を換え天が下、地が上となれば、元の場所に戻ろうとしないものはない。この動きは泰の世に活気を生み出すもととなる。しかし、戻ってしまえば、その位に安んじる。泰卦では陽は進もうとするが、否卦では進もうとしない。そもそも、進んで行こうとしなければ、泰に戻ることが無くなる。それでよいのであろうか」（初六注）。

安住になれて怠惰になる人間の習性を、卦の変化に当てはめて説明したものである。

過剰の安楽は堕落や怠慢を生むが、しかし持続的発展の名に借りた不断の改革も民の余暇を奪い疲弊させる。ここには難しい問題も孕んでいる。うまく釣合いがとれないものであろうか。

十三　同人☰☲

○水之於地為比、火之与天為同人。
　水の地に於けるは比為り、火の天に与《お》けるは同人為り。

「同人」は「人に同《どう》ず」「人に同《おな》じうす」などと読み、人と集まる、人と協調するなどの意味になる。「同人誌」の名はこれに由来する。

卦形は上体が天、下体が火。火は上昇する性質があり、天に昇り、集まって一体となる。ここから「同人」の名が生れる。冒頭の「火の天におけるは同人為り」は「火と天で同人卦」の意味である。

「比」も卦名で、既出したが、繰り返せば、比は「親しむ」意味、同人とおなじく仲間や協調について論じている。卦は上卦が水☵、下卦が地☷。「水の地に於けるは比為り」は「水と地で比卦」の意味である。

冒頭の文章に続けて、東坡は次のようなことを述べている。「同人と比は近いようで同じでない。比は親しまない所がないことをもって比とし、同人は同じくしない所があることをもって同とする」と。

同人卦と比卦はどちらも集まることを主題にしている点で、互いに近い概念に思われる。しかし、両者は違うと東坡は指摘する。どこが違うのか。比卦では上体の水は下体の地に隙間なくしみ通る。土にしみこむ水のように、少しの隙間もなく、緊密にくっつくのが比卦である。対して同人卦では、下体の火は天に向かって上昇するが、水と地のように隙間なく融合するとは言えない。火と天のように、結びついても、緊密にくっつかず、親しまない部分を残すのが同人卦である。比は君主とそれに盲従する臣下のように、意見の相違を認めない濃厚な親密さ、同人は独立した人格を相手に認めた交際であり、互いの意見の相違を認めた上での親密さである。東坡が比より同人の親しみかたを高く評価しているのは言うまでもない。

東坡はこれ以外にも仲間や協調ということについて有意義な示唆を与えてくれている。同人は先に見た小畜☴☰と異なり、乾天☰が上体に位置している。乾は勢いが強く、下体にあれば上昇して上を押しのけようとし、上体にあれば亢《たかぶ》ったり、孤高に構えたり、下に嫌われる傾向がある。そこで小畜の上体は乾を避けて忌み嫌い、乾も心服しなかった。同人の場合、上体が乾天である。東坡は次のようにいう。「天に集まることができるものは少ない。天は自分に集まることを求めないし、集まらないことも求めない。上に立って集まらないものを拒んでいるわけでない。集まることができるものだけが集まろうとするに過ぎない。このようにして出来た仲間は強制でなく、本心から自発的に集まったものだ」。同人卦が示唆する集団は、強制から生れたのでなく、彼らの本心から自然に生れた仲間ということである。

同人卦の最上位（上九）に「郊外に集まる。後悔しない」とある。

東坡はいう。「乾のもとに集まろうとする人は少ない。しかも、乾の最上位に居れば、人がますます集まらない。しかし、それでも集まる人がいるとすれば、好い加減な気持ちからではない。悔いもないはずだ」

乾の最上位は乾の中でも特に勢いが強く、厳しさを予想させるので人は集まろうとしない。それを都市から離れて住みにくい「郊外」に喩えた。しかし、それでもそこに集まるとすれば、その仲間は好い加減な気持ちからではない。このような仲間こそ、ともに苦労を分かち、試練を乗り越えることができる。損得や強権で無理に結びついた集団より、このような集団こそ大きな冒険も出来るということであろう。

十四　大有䷍

○処群剛之間、而独用柔、无備之甚者也。以其无備而物信之。故帰之者交如也。
群剛の間に処りて独り柔を用うるは、備えなきの甚だしき者なり。其の備えなきを以てして物之を信ず。故に之に帰する物交如たるなり。

大有の卦形は下体天の上で上体火（太陽）が輝く華やかさを得て、「大有」（大いなる所有）の名にふさわしい。卦には主爻といわれる主役となる爻があるが、大有の場合、唯一の陰が稀少価値を持ち、しかも上体の中位を占め、君位（五の位）にあり、主爻となっている。五の陰は他の五陽を一人占めすることからも「大有」である。

冒頭の文章の「群剛の間に処りて独り柔を用うる」は五の陰を指している。陽爻に比べ陰爻は力が弱い。陽爻の中でただ一人柔であることを「備えなきの甚だしき者なり」と述べた。しかし、この弱さ故に強さが生れると東坡は指摘する。なぜなら、「備えが無いと、人はそれを信じるから、寄りかかって交際しようと求める。そこで、柔から威が生れ、備えが無いことによって、かえって余裕が生れてくる」という。

つまり、備えが無いことから相手の警戒心は和らぎ、信頼が生まれ、争って五のもとに集まろうとするのである。ドラクロアの「民衆を導く自由の女神」は色色な解釈があるようだが、弱い女性が粗暴な民衆の信頼を得ている絵と見れば、大有卦に類似した名作である。本卦では弱さを隠蔽せず、正直に示すことが強さにつながると東坡は言いたいのである。

では五の陰以外は働きがないのかといえば、そうではない。上九《じょうきゅう》（最上位の陽爻）の爻辞に「天が助けてくれる。吉であり、万事によろしい」と大変めでたい言葉がついている。大有という恵まれた卦で、かつ最上位に居れば、盈満の過ぎたもので、良くないと予想される。しかし、東坡によれば上九に天の助けがあるのは当然だという。なぜか。

孔子によれば、五には三つの大きな徳がある。備えが無いという柔順さ、備えが無いところから生れてくる信頼、その結果賢者を招くことになる尚賢（賢をとうとぶ意味）である。しかし、陰は陰の力だけでは陽剛を十分に操縦できない欠点がある。上九に大きな働きが出てくるのもそこにある。

今、最上位の陽は陽の中でもとりわけ力が強い。そこで五の陰は上九の陽に付くことで、はじめて力を得る。その結果、他の陽も五の陰に帰属して働きを示すことになるのである。五は陽の働きを手にすることができた。しかし、上九も五との結びつきによって、他の陽との陽同士の衝突を回避することができるのである。

柔順、信頼、尚賢の徳を持ち、群剛を働かせているのは五だが、五を下に履むことによって上九は五の成績をすべて享受することができ、その結果、大きな福を手にいれることができる。

「神人には功績がなく、聖人には名誉がない（『荘子』逍遙遊篇）というが、その働きが深遠で、人には見えないだけのことである。大有の上九には同じような深遠さがある」と東坡は指摘している。なお、上九と六五の関係は、履卦の六三と九五の関係と同じであるから、履卦も参照してほしい。

十五　謙☷☶

○直者曲之矯也。謙者驕之反也。皆非徳之至也。故両直不相容、両謙相使。

直は曲の矯なり。謙は驕の反なり。皆徳の至れるに非ざるなり。故に両直は相容《い》れず、両謙は相使わず。

謙は謙遜、謙虚を意味する。卦形は上体が地、下体が山。地の下に山がある。本来、地の上にそびえる山が、地の下にもぐっている。そこから謙の名が出ている。

東坡は「謙」について、「謙は過剰から生れる」と述べている。言葉を加えれば、「謙」とは過剰を均《なら》すことから生れてくる。常識的にみれば、「謙」とは高すぎるものを低くする、たとえば物理的に高い山を削って低くする、あるいは精神的な驕りを鎮めて抑えるなどを意味することが多い。しかし、東坡の「謙は過剰から生れる」という意味は、逆に低すぎるものにも当てはまる。つまり、過剰に低いものは補って高くすることも「謙」の概念に入るのである。

「多いものはこれから減らすのが謙であり、寡ないものはこれに益《ま》すのも謙である」（象伝注）。したがって、「謙」というが、実は「中」というのと変わりがないことになる。

謙遜といえば、美徳の中でも高い評価を受けるものである。しかし、東坡は謙の徳に無条件に賛成しなかった。冒頭の文章は、「直は曲をまっすぐになおしたもの。謙は驕慢の反対である。どちらもパーフェクトな徳ではない。だから、直同士は互いを受け入れず、謙同士は互いに役立つことができない」意味になる。前半部分は、直も謙も相対的な概念で、絶対的な価値を持つものでない意味であろう。だから後半部分のように、直も謙も絶対的な力に欠けていることになる。

まっすぐなものが衝突するのは分かるが、謙遜が使いものにならないのはどうしてか。

飲み屋の勘定を上司が払うと主張して、部下と争う場面を思いうかべればよい。金で恩義を売りたい時に、相手が謙遜ばかりしていては面白くない。同じように、世の中、清廉すぎて欲が皆無の人物であふれるなら、報奨を与えて忠義心を引き出すことが難しい。過剰な謙遜は、君主から臣民を指導し平均化する権威を失わせてしまう。上位者はそのため、謙遜すぎる人物を嫌うのである。「謙」に対する東坡の考えかたの基本は、謙遜を美徳の優れたものと考え、過剰に評価する傾向に反対することであった。

しかし、一方で東坡は謙遜の価値も過小評価していない。「君子が最後を全うする理由は謙なればこそである。途中でみれば争って得たり、謙で失うものもあるだろう。しかし、締めくくりをみれば、謙の必勝がわかる」と指摘している。さらに、「過剰な謙遜も大河を渡るような大冒険の時には役立つものだ。なぜなら、大難には自分を深く抑えなければ、人を役立たせることができない。自分を低くすることを身につけ、働いてくれるのを待つのだ」という。手段としての謙遜の価値は大きいと捉えていた。東坡の矛盾したようにみえる意見は、謙の徳の幅の広さを物語るものである。

十六　豫☳☷

○拠静以観物者、見物之正。
静に拠り以《もっ》て物を観る者は、物の正しきを見る。

「静かなところに身を置いて物を観るものは、物の正しい姿を見る」

この卦では、爻の位置によって『易』を解釈する蘇東坡の方法が分かりやすい。卦は上体が雷、下体が地。地面の下に身を潜めていた雷が地上に出ている。自由にのびのびと雷鳴を響かせる姿を連想して、豫（楽しむ）と命名された。

『易』の基本的な概念に「正」「不正」がある。既述したが繰り返すと、陽爻が陽位（奇数位）、陰爻が陰位（偶数位）にあるのが「正」、陽爻が陰位、陰爻が陽位にあるのが「不正」である。「正」は正しい位を得たもので、「当位」ともいい、高い評価を得る。「不正」は「失位」「不当位」ともいい、評価は低くなる。今、六二（下から二番目の陰爻）の爻辞に「石に介たり。日を終えず。貞にして吉なり」と見える。これだけでは分かりにくい。東坡は次のような注をつけた。

「六二は陰爻で陰位に居り、しかも二つの陰の間に身を置いている（上の三と下の初のどちらも陰爻）。したがって、暗さの極点、静かさの至りである。暗さで明るさを見、静かさで動きを見れば、およそ吉凶禍福の到来は、長短黒白が自分の前に並ぶようにはっきりと見える。〝石に介たり〟とは静に果断なこと、〝日を終えず〟とは動に果断なこと。動静に関し、このように果断になれるのだ」と。

六二は陰の身で、しかも上下から陰に蔽われている。陰のイメージは「暗」「静」などであるから、二は暗さ、静かさの極致にあるといえる。一見すれば、それが弱点にみえるが、そうではない。「静暗に身を置けば、情勢を明瞭に察知できるため、静かであるべき時は石のように動かず、動くべき時は、日の沈まぬうちに、たちどころに素早く行動を起こすことができる」と東坡は言うのである。

対して六三（下から三番目の陰爻）の爻辞には、「楽しみに目を剝《む》いて後悔する。遅れて出かけて後悔する」とある。これも分かりにくいが東坡は次のような注をつけた。

「陽爻で陽位に居るのは、力のある人物が健馬を乗りこなすようなもので、制御することができる。しかし、三（陽位）は六（陰爻）が乗りこなせるものではない。その任でない位置にいて、行くところにまかせるなら、精神は内に乱れ、目を外に剝くことになる。静に拠って物を見る者は、本物を見る。六二がそれである。動に乗って逐《お》う者は、まがいものを見る。六三がそれである。福らしき物に誘われ、災いらしき物におびやかされる。福らしき物に目を剝いて走って行く。しかし、本物の福でないことがわかると、後には本物の福があっても、もう走って行こうとしない。そこで、初めは速いことで後悔し、終《つい》には遅いことで後悔するのだ」

陽と陰、陽爻と陰位の特徴を対比させ、興味深い注をつけている。陽位は責任の重い地位を喩え、陽爻は責任に耐える力のある人物を喩えている。力のある人物なら、三の陽位にいても仕事をさばくことができる。しかし、力の弱い陰爻では、三の陽位に居て、重い仕事をさばくことはできない。陰爻で陽位に居るより、二のように陰爻で陰位に居り、上下を陰から挾まれていること、つまり静かさ暗さに身を置くことが、真実を見抜く力を育てるということである。

十七　随䷐

○責天下以人人随己、而咎其貞者、此天下所以不説也。

天下を責めて、人々己に随うを以てし、其の貞を咎むるは、此れ天下説《よろこ》ばざる所以なり。

「天下の人々に自分に随うようにと責め、自分に貞節であれと非難するのでは、天下は喜ばない」

随の下体は震で動く、上体は兌《だ》で悦ぶ。下体は自分、上体は相手を指すので、こちらが動いて行き、相手は悦ぶので「随《したがう》」意味になる。東坡は仲間や集団について、独自の考えをもち、『易』に託してしばしば自説を展開した。先に見た比卦や同人卦を整理すれば、以下のようになる。①上位者は狭い私的な交際に限らず、幅広く人材を求めねばならない。②相手の意見に合わせるのでなく、互いの意見の相違を認めた上での交際でなければならない。③強制で結びつくのでなく、自然で自発的な感情によった交際でなければならない。

随卦でもこの基本に沿った主張を展開した。冒頭にあげた文章は、強制を嫌う東坡の考え方がよく出ている。では随うことの中で、何を最も大事な基準とすべきであろうか。東坡は次のようなことを述べている。

「天の時は変化して一定ではない。そこで随の世にも自分に随わないものが必ずいる。人々は天の時に随って動いていくものだ。人々に向かい、天の時に随うのでなく、自分に随うように強制しても、彼らはそれを嫌い、むしろ反発するであろう。正しい態度を守って天の時に従う者には咎がない。〝時〟は天が支配するものである。人々は自分に従うのでなく、天の支配する時に従うのである。してみれば、時に従うことを述べた随卦とは大きな意義をもつものだ」。

他人を強制的に従わせようとするのでなく、天の支配する「時」の勢いに随おうとする人々の動きに任せるということであろう。つまり、人々が随おうとする「時」でないのに、無理に自分に随わせるのでは、その結合はいずれ綻ぶに違いないということだ。ここには「時」に対する明察の必要性と、強制を嫌う東坡の考え方がよく出ている。

強制を嫌うことでは、また次のような言葉も見える。「無理強いして服従させれば、その服従は堅固でない。だから、文王が西の異民族を通じたようにすべきだと（『易』の文章は）教えている。文王は彼らが自然に従うのを待って、はじめて服従させたのである。無理に服従させたのではない」

上六の爻辞に「とらえて、くくり、服従してもまたつなぐ」とある。右の言葉はこの爻辞につけた東坡の注である。随卦は陰が陽に従う卦と見なされる。しかし、卦形から検討すれば、上六の陰は最上位にいて、下にも正応がない。そのことから、思い上がりがあり、下の者（特に九五の君主を代表とする）に従おうとしないと見られる。そこで九五の君は怒り、上六を「とらえて、くくり、服従してもまたつなぐ」行為に訴える。しかし、それは拙策だというのが東坡の解釈である。強制のない自然な服従、それが東坡が理想とする結合であった。なお、富について言及して、「私は常に所有するのではない。物にしたがって所有するのだ。だから富んでいる。もし、常に自分のものにするなら、その富は限定されたものにしかならない」という言葉も参考になる（繋辞伝上五章注）。

十八　蠱☶☴

○陰之為性、安无事而悪有為。是以為蠱之深而幹之尤難者、寄之母也。

陰の性為《た》るや、事なきに安んじて為す有るを悪《にく》む。是を以て蠱為るの深くして幹の尤も難き者、之を母に寄すなり。

母を代表する言葉に「母性愛」がある。無償の愛、或は犠牲的な奉仕とされ、女性のもつ美徳の一つに数えられる。ただ最近では子離れができない親が多いことから、やや否定的に見られることも増えている。冒頭の文章は否定的に捉えたものの一例である。

陽が男性を象徴するのに対し、陰は女性を象徴している。女性は男性に比べ、冒険より平和を好む傾向がある。そこで、蘇東坡は「陰の性質は事の起こらないこと（或は起こさないこと）に満足し、積極的に動くことを嫌う。そこで、蠱が深くて処理の最も困難なものを母になぞらえる」と述べた。「蠱」とは皿に虫が涌いた形で、「腐敗」を意味している。母は女性の中でも特に一家の平和を考え、事を起こさないことを望む場合が多い。それがますます腐敗を強める結果につながる。息子の事件を処理せずに済ませ、救いようのない状態で家庭が崩壊する例も時折耳にすることである。

ところで、腐敗の中でも最も処理に困難なものを母に喩えるのは酷すぎるようにも見える。東坡は冒頭の文章に続けて、「之を正せば則ち愛を傷つけ、正さざれば則ち義を傷つく。是を以て至難と為すなり」と述べている。息子を溺愛する母への対処は難しい。母の溺愛を咎めようとすれば、母の愛を傷つけることになり、正さなければ正義を傷つけることになる。そこで最も処理に困難な腐敗を母に喩えたと東坡はいうのだ。蠱卦は家庭の腐敗は一代で起こるものでなく、代々の悪が重なって発症するものだと述べている。

では、このような困難をともなう腐敗の処理はどのようにすればよいのか。蠱卦の爻辞には、父母の生み出した腐敗に対処する家族のことが述べられている。今、九二の爻辞に「母の蠱を処理する。貞（厳正）であってはならない」、孔子の解説（象伝）に「母の蠱を処理するのに中道を得ている」とある。「厳正であってはならない」とは愛を傷つけるからである。愛を傷つけず、なおかつ正義を失わない処理とはどうすればよいのか。

孔子の解説によれば、九二の「中道」を得た処理法が良いのだという。これは二の位が中位であり、中庸の態度が取れる人物であることに注目したものだ。東坡はさらにそれを敷衍した。「九二しかこの困難に対処できるものはいない。二は陽爻であって陰位に居る。これは剛の実があって剛を用いた迹がないというものだ。これこそ、世間の非難を免れるものということができる」（九二注）

親の残した腐敗を厳しく追及して改めれば、親の愛を傷つけることになる。だから、腐敗を改めながら、厳しい追及の痕跡は残さないようにする。九二は陽爻陰位でそれが可能な人物だという。親の蠱にはこのように対処しなければならないという忠告も当然含まれている。このようなことを実行するのは難しいが、少なくともそのような気持ちを持って対応することが大事なのであろう。東坡の言いたいのはそのことだと考える。

十九　臨䷒

○見於未然之謂知。臨之世、陽未足以害陰而其勢方鋭。

　未だ然らざるに見る、之を知と謂う。臨の世、陽未だ以て陰を害《そこな》うに足らざるも、其の勢い方《まさ》に鋭し。

『易』の経文にもとから見える考え方に「扶陽抑陰」（陽を助け、陰を抑える）がある。六爻を陰と陽の闘争と捉え、陽に見方し、陰を抑える立場を取ることである。陽は何度も述べたように君子や善人、陰は小人や悪人を象徴するから、真っ当な考え方である。しかし、陽は男性、陰は女性も象徴するから、易は男尊女卑の思想を持つと批判される場合もある。しかし、男性、女性そのものを指すのでなく、男性らしさ、女性らしさ、つまり勇敢、剛毅、決断力、粗暴、恐ろしさなどを前者であらわし、軟弱、弱気、優柔不断、気遣い、優雅などを後者であらわしていると考えるのが当っている。男性の中にも軟弱、優柔不断なものがあり、それらは男性であっても陰で表されるわけだ。

　今、復卦䷗を見てみよう。最下に陽がある。最下に生じた陽は微弱ながら、今後上に伸びていく力を持つ。卦形からみれば、臨䷒、泰䷊、大壮䷡、夬䷪、乾䷀と勢いを増し、最後に陽が独占的な力を振るうことになる。しかし、追放された陰はそのまま消滅するのでなく、姤䷫として最下に姿を現す。最下の陰は復の場合の陽と同じく、微弱ながら今後力を増し、遯☰☶、否☰☷、観☴☷、剝☶☷と勢いを増し、最後に坤☷☷となり独占的な力を振るうことになる。陰と陽に争いの循環を見るのである。この卦は十二あることから十二消息卦、あるいは十二消長卦と呼ばれている。

扶陽抑陰説によれば、坤は小人の集団だからこのような事態を招く以前に、陽は陰の勢力を抑えなければならないと考える。そこで、すでに坤卦で述べたように、初六の爻辞に「霜を履みて堅冰至る」とある。その意味は「小人の勢いは、はじめは霜のように微弱であっても、長じれば堅い冰のように盛んになる」、つまり「悪の芽は最初は微弱でも後には巨悪に成長するので、最初の段階で摘み取るのがよろしい」ということだ。

冒頭にあげた東坡の言葉は次のような意味になる。「まだ事態が顕かになる前に事態を見ることを知という。臨の世はまだ陽の勢いが盛んでなく、陰を害うには十分でない。しかし、陽の勢いは今まさに盛んになろうとしている」

続けて東坡は次のように述べている。「陽の力がまだ不足しているとして陽に逆らい、受け入れることが無ければ、陽は怒って陰を攻めようとするだろう。六五は尊位（五は君主の位）に居るが、陰爻であって強さばかりを主張せず、二の陽と正応でもある。だから、陽がまだ強大になる前に受け入れ、自分のために働かせることができる。自分に余裕があるうちに陽を柔らげるので、自分の徳に親しませることができるのだ」。東坡は扶陽抑陰の立場から、「陰は現在の数の有利を頼りに、陽と事を構えるべきでない。微弱な陽が将来優勢になるのを察知しなければならない」と忠告しているのである。つまり、陰に対し、伸びる勢いのある陽を拒まず、陽を受け入れる態度を勧める。陰と陽の対立を意識しつつ、両者の和解を重視するのが、東坡の『易』解釈の特徴の一つであった。

二十　観☴☷

○観我生、君子无咎。観其生、君子无咎。
我が生を観《しめ》す。君子にして咎なし。其の生を観《み》る、君子にして咎なし。

この言葉は蘇東坡の注ではなく、観卦の九五の爻辞（上文）と上九の爻辞（下文）に見えている。観卦は二陽爻が上位にあり、四陰がその下に服している形である。「観」と命名された理由については、下の陰が上の陽を仰ぎ観《み》るから「観」、上の陽は下に自分の姿を観《しめ》すから「観」と解釈されることが多い。

この卦は先の臨卦で見たように十二消息卦の一つである。陰の勢いが下体を突破して上体まで伸び、陽の数は減り、やがて追い落とされようとしている。朱子は本卦が「観」と命名された理由について、次のようなことを述べている。

「陰は陽に迫り、勢いで圧倒している。しかし『易』を作った聖人はその点に注目せず、下の陰が上の陽を仰ぎ観なければならないという観点から、〝観〟と命名した。聖人の扶陽抑陰の思想は明確である」と。伸張する陰と衰退する陽の現状を無視し、陽に味方しようとする聖人の意志を朱子はくみ取ったのである。

先に「観」に「しめす」と「みる」の両義のあることを述べたが、東坡は、上位者から言えば自分を

「示す」ことになり、下民から言えば上位者を「みる」ことになるから、視点を変えただけで両者は結局同じだと述べている。

本卦で東坡が一番注目しているのは「君子にして咎なし」という言葉であろう。彼は次のように述べている。

「九五は際だった様子を民に示す。自分を民に示すから〝我が生を観《しめ》す〟という。上九は至高に居て下民がそれを見る。民が自分を見るので〝其の生を観《み》る〟という。今、車に乗って道を行けば、荷物を負って道を行く人はすべて不平の心を持つ。聖人（上位者）が一人の身で天下の楽しみをほしいままにし、自分をあつく祭り上げて人に観《しめ》し、天下が怨まないのは、大いに服しているからに違いない。自分が楽しむことができる生を人に観し、人も上位者が生を楽しむことができるのを観れば、天下の争う心はこれより起こるであろう。だから〝君子无咎〟という。君子であってはじめて咎（災い）がないということだ。咎がないとは難しきことかな」と。

「君子无咎」は「現に君子であるから咎がない」とみる場合と、「努力をして君子になって漸く咎がなくなる」と努力を強調する場合がある。東坡の解釈は後者になる。

庶民の上にある者として、自らの恵まれた生活を人に示し、災いがないのは、君子として立派な素質を持ち、庶民を大いに服従させてはじめて可能だということである。だから、「難しきことかな」と述べたのだ。

二十一　噬嗑䷔

○无徳而相噬者、以有敵為福矣。

徳なくして相噬《か》む者は、敵有るを以て福と為すなり。

「自らに徳がなくて敵と噛み合う者は、敵があることによって幸福なのだ」

人間の心理は恐ろしく、かつ不思議なもので、憎悪が人を元気づけていることがある。例えば復讎心もそれで、いつの日か相手を亡き者にする、或は相手の名誉を粉砕したいという激しい憎しみが、人を元気づけ、生き甲斐を生んでいる。生き甲斐を幸福の一種ととらえる説もあることからすれば、憎しみと幸福にはつながりがあると考えられる。

「噬嗑《ぜいこう》」は噛み合わせる意味である。命名の由来は頤卦《いか》䷚と関係している。頤は「あご」の意味だが、卦形も上あごと下あごが重なっているように見える。噬嗑卦は上あごと下あごの間に一本の陽爻が入り、噛み合わせの邪魔をしている。この陽爻を噛み砕いて邪魔者を無くしたいことから「噬嗑」と命名されたのである。

蘇東坡によれば、噬嗑卦は陰と陽が互いに相手を噛み砕こうとする争いが主題となっている。今、三爻から上の爻を見てみよう。三（六三）と五（六五）は陰の仲間であり、四（九四）の陽を上下から噛み砕こうとしている。四（九四）の陽は上の陽（上九）と一緒になり、五（六五）の陰を噛み砕こうとしている。この込み入った関係は九四と六五の爻辞で説明されている。

「九四。乾胏《かんし》（乾燥させた骨付き肉）を噛み金の矢を得る。悩んで正しい態度を守れば吉」

「六五。乾肉《かんにく》（乾燥させた肉）を噛み黄金を得る。正しい態度で危ぶんでおれば災いはない」。それぞれ、主語が判定しにくく、内容も象徴的である。九四の爻辞は「六三と六五が乾胏（九四）を噛む。四は噛まれるに至ったことを悩み反省しておれば吉」、六五の爻辞は「上九と九四が六五（乾肉）を噛む。五は正しい態度を守って事態を危ぶんでおれば災いはない」意味であろう。

六三と六五は乾胏（九四）を噛み金矢《きんし》を得た。九四と上九は六五（乾肉）を噛み黄金を得た。陰と陽は互いに敵対し、相手を噛み合うことで、黄金や金矢という価値の高いものを得たというのである。これらは敵を持つことによって、価値の高いものを手に入れたのである。金矢や黄金は彼らが得る幸福感を象徴している。もし、彼らに敵がいなければ、金矢も黄金も得られず、幸福感の喪失に困しむことになるのではなかろうか。東坡は次のようなことを述べている。

「徳をもって相手を親しませることができず、噛むことを志している者は、いつも敵がいて噛むことで少し安らぎを得ることができる」「敵がなくなれば、噛むところがなくなるので、自らを噛むことになる」「徳がなくて噛む者は、敵があることを福とする」「ただ有徳者のみが安泰の地にいて福を享受できる」

既済卦でも「人の情は困難の時には仕事を嫌がり、困難の無い世には福の有ることに安んじない」と見える。東坡の辛辣な観察は、人間心理の真相を鋭く突いた一面がある。

敵のあることによって自分の存在価値を見いだし、幸福を感じることができるのは、時代が衰微している証拠であろう。東坡はもちろんこのような在り方に反対し、安泰の地にいて福を享受できる有徳者になるべきことを主張しているのである。敵無くして幸福を感じられる素直な人間になりたいものである。

なお、呉越の戦いで有名な越王勾践の謀将范蠡は、呉が滅ぶとすぐに勾践のもとを辞去した。彼も人は困難をともにすることができても、安楽をともにすることは難しいと感じていたのだ。

二十二　賁☶☲

○夫両窮而无帰、則薄礼可以相縻而長久也。
夫れ両窮して帰するなければ、則ち薄礼以て相縻《つな》ぎて長久なるべきなり。

「窮して落ち着き先のない者同士なら、簡略な礼でも互いに結びあい、永続きすることができる」

古の中国は礼儀の国だから、生活上の微細なしきたりがあった。長寿の者には肉食させる、年長者の前では大声を出さないなど、『礼記《らいき》』や『儀礼《ぎらい》』などに事細かくまとめられている。国家間にももちろん礼儀があり、『春秋左氏伝』などを見れば、「礼にかなっている」、「非礼である」と礼の観点から国家や人物を評価したものが散見する。例をあげれば、襄公元年に「衛の子叔、晋の知武子が来朝したのは礼にかなっている。諸侯が位に即くと、小国は朝し、大国は聘することになっている。それによって友好を継続させ、互いに相談し過失を補うもので、礼の大なるものだ」とある。

哀公七年には魯と呉が会合したとき、呉が百牢（牛羊豚を用いた大饗応）をするように求めてきた。子服景伯が先王の礼にもなかったことだと拒否すると、呉は「魯では晋の大夫にすら十牢以上を饗応している。呉に百牢を饗応するのは当然だ」と強要した。これは礼制に沿うかどうかの争いである。

蘇東坡は薄礼について数個所言及し、おおむね好意的に論じている。賁卦の六五の爻辞には「丘園に賁《かざ》る。束帛戔戔。恥ずかしいことだが終わりはよい。吉」とある。

東坡はいう。

「丘園は田舎びて人の居ない土地。五の陰は下に正応がなく、上九の助けを得る。だから、〝丘園に賁る〟という。一方、上九にも正応がない。この二者のように正応がなく、落ち着き先がなく窮まっている場合、薄礼でもつながりが長く続く。そこで、〝恥ずかしいことだが、終わりは良い〟という。吉でないといえようか」

「束帛」は束ねた絹で礼物に用いる。「戔戔」はわずかなこと。

五の位は普通尊位だが、賁卦という飾りの時に、自分を飾ってくれる正応が下にないことから、「田舎びて人の居ない土地」と言っている。五はそのような地で同じく正応のない上九の助けによって、わずかな礼物で自らを飾る。互いに困窮しているときは、相手に渡す礼物はわずかでも、二者の関係は長続きするというのである。

坎卦にも「憂いを共有する仲間同士は薄礼でも堅く結びつく」という考察がある。坎卦☵☵は重卦といい、上体下体とも坎☵で険しさを象徴している。上体と下体で応爻もない。そこで上下の坎☵同士が険しい心で敵対しあっているイメージが生れる。九二・六三グループと九五・六四グループはすぐ前面に敵を迎えているため、憂いをともにし、結びつきが堅い。六四の爻辞に「一樽の酒、二皿の食で土器を用いる。倹約の物を用意し、窓から進める。災いがない」とあるのに東坡は注をつけ、「四は五に対し、至って簡略でみすぼらしい礼で交際しても、憂いを共有しているから、厚い信頼がある」というようなことを述べている。困難の共有が薄礼を容認し、深い結びつきを生み出していると見るのである。

二十三　剥䷖

○君子之於小人、不疾其有邱山之悪、而幸其有毫髪之善。
　君子の小人に於けるや、其の邱山の悪有るを疾《にく》まずして、其の毫髪の善有るを幸《ねが》う。

剥《はく》卦はただ一つの陽が一番上に残り、勢いを増す下の五陰によって今にも外に追放されようとしている。「剥」とは陽が剥《は》ぎ落とされる意味で、先に述べた十二消息卦の一つである。陽は君子、陰は小人を象徴するから、小人がまさに天下を取ろうとする卦といえる。

剥卦の経文は小人が次第に君子に迫る様子を、水がベッドに迫るかのように象徴的に述べている。下から順に「ベッドの足まで剥ぎ落とす。正しいものを滅ぼせば凶」（初六）、「ベッドの胴まで剥ぎ落とす。正しいものを滅ぼせば凶」（六二）、「剥ぎ落とすが、災いはない」（六三）、「ベッドに寝ている人の皮膚まで剥ぎ落とす。凶」（六四）と見える。「正しいもの」とは陽を指す。陰が下から䷫、䷠、䷋、䷓と次第に陽（正しいもの）の領域を浸食している様子を想像すればよい。このうち、三つ目（六三）の「剥ぎ落とす」がわかりにくいが、蘇東坡の注は六朝時代の王弼《おうひつ》の意見をそのまま用いている。王弼によれば、六三の陰は陰の中で唯一陽と応じている。つまり、陽を剥ぎ落とす陰の仲間にいるが、ただ一人陽に味方している。そこで、「災いはない」とされた。朱子の易注では、「剥」を「陰の仲間から自分自身を剝ぎ落とすので災いはない」と解釈している。それだと「剝ぎ落として災いはない」と読むことになる。どちらにしろ、六三は唯一陽に味方する者で、好意的に評価されているのである。

ところで、冒頭の東坡の言葉は「君子は小人に対し、丘や山のような悪を憎まず、少しでも善のあることを願う」意味になる。この場合の君子は、陰に追い詰められている君子を指すより、『易』を書いた聖人を指している。今、初六と六二と六四はともに悪人であるが、その経文を見ると、大きな違いのあることに気がつく。初六と六二には「正しい者を滅ぼせば凶」とあるのに、六四には「正しい者を滅ぼせば」という条件がなく、ただちに「凶」と書かれていることである。東坡はこれについて次のようなことを述べた。

「陰の勢いが増してくることは水のようである。しかし、君子は小人に対し、彼らの大きな悪を憎まず、ほんの少しの善でもあることを期待する。水はベッドの足に迫り、足の上部にまで及んできた。しかし、聖人はまだそれを凶だと直書しない。正義を侵略した後にようやく凶という。小人は正義を侵略しつくして、はじめて必ず凶となる。もしまだ侵略し残したところがあるなら、その残したことによって小人を心にかけようとする。だから、〝ベッドに迫り、ベッドの足にまで及んで来たが、まだ仲間がいない〟（六二の象伝）と言う。小人が悪事を決行するのは、仲間ができてからである。まだ仲間がいないときは、悪事を恥じて決行するかしないかの、ぎりぎりの時である」

初爻、二爻ではまだ陰（悪）の仲間が少ない。そこで、『易』を書いた聖人は彼らにまだ善心のあることを期待し、凶と直書しなかった。しかし、四爻ともなればすでに悪の仲間は多く、悪の程度も強まっている。そこで、聖人は条件をつけず、ただちに「凶」と直書したと東坡は考えた。ここには、扶陽抑陰の立場をとりながら、なお陰に対してできるだけ好意的な見方を残そうとする東坡の考え方がよく表れているようである。

二十四　復☷☳

○凡物之将亡而復者、非天地之所予者不能也。

凡そ物の将に亡びんとして復する者は、天地の予《ゆる》す所の者に非ざれば、能わざるなり。

復卦は直前の剝卦☶☷と同じく、十二消息卦の一つである。剝卦で陰の勢いはさらに伸長し、陰ばかりの坤☷☷となり、陽は外に追い出される。しかし、一旦亡びるかにみえた陽は坤の最下位にひょっこりと復活してくる。陰と陽の勢力争いの循環は天地の意志であり、陽の復活は天地が認めたことである。冒頭の言葉は「物がまさに亡びようとしているのに再度復活してくるようなことは、天地が認めたことでなければ、できないことだ」、分かりやすく言えば「陽の復活は天地が認めたことだ」の意味になる。この言葉には扶陽抑陰の立場から、陽の復活を願う東坡の期待もこめられている。

陰と陽が循環するなら、乾☰☰の後に陰が復活してくるのも自然の流れである。東坡は冒頭の語に続けて次のように述べている。「だから、陽が消えるときは、五つの爻が陽であっても十分でない。陽が長ずるときは、一つの陽だけでも余りあるほどだ」

「五つの爻が陽」とは姤卦☰☴をさしている。消息卦の考えでは、姤卦の最下位の一陰は今後上に伸長する勢いが強く、五つの陽爻があってもその勢いを抑えることができない。「一つの陽だけ」とは復卦をさしている。最下位の一陽も今後上に伸長する勢いが強く、五つの陰もそれを抑えることができない。しかし、扶陽抑陰の立場は陽に見方する意味をもつから、陰の復活と伸長は嫌われることになる。そのことは後に姤卦で見ることにする。

ところで、直前の剝卦と復卦は合わせてみると分かりやすい。既述のように、剝卦は一陽が陰によって剝がされそうだが、かろうじて最上位に踏みとどまっている。『易』の経文では「碩果《せきか》食らわれず」とある。大きな果物が一つだけ樹の上に残っているイメージである。しかし、この果実は食用にならない。東坡によれば、樹上で食用にならないのは腐敗して民意を失った無能な君主を意味している。人々はこの君主を見捨てて去って行く。担ぎあげようとするのは陰の悪人たちだけで、彼らも単に名目上担ぎ上げているに過ぎない。そこで、心ある君子は「悪人たちは気が合わなくなれば、無能な君主を滅ぼし、今度は民を食い物にするだろう」と考える。かくて君子は上を去り、下に出て民を得ることになるのである。この過程が剝→坤→復の変遷であり、坤は悪人が上に担いでいた名目上の君主を滅ぼし、天下を取った形、復は剝の時、無能な君主を見限った君子が朝廷から民間に逃れて来た形である。復とは賢明な君子の復活を喜ぶ意味で付けられた卦名で、扶陽抑陰の立場をよく表わした名称である。

二十五　无妄☰☳

○善為天下者、不求其必然。求其必然、乃至於尽喪。

善く天下を為《おさ》むる者は、其の必然を求めず。其の必然を求むれば、乃ち尽《ことごと》く喪《うしな》うに至る。

「必然」とは「そうであるべきこと」とか、「必ずそうなる」意味。たとえば「優秀な男女の婚姻は必ず優秀な子を産む」「厳しい指導をすれば必ず相応の成果があがる」「荒野を耕せば、必ず既定の量の収穫が生れる」などと、事情を考慮せず機械的に結びつけて考えることであろう。そこで「必然を求めず」とは、「必ずそうなるとは考えない」「物事には思いもよらぬことがあるから、因果の必然を考えない」「必然の結果を求めない」意味になる。

必然の反対は偶然である。「妄」はでたらめや不正という作為的行為の意味から、「无妄《むぼう》」は作為のないこと、自然、偶然の意味、また不正のないことにつながる。卦の名称の「无妄」とは、思いがけずそうなること、偶然にそうなること、また正しい行為の意味になる。

東坡は無作為や無為自然という老荘的な概念を好んだ。そこで、冒頭にあげた語のように、君主に対しても「天下をよく治める者は、必ずよく治めようと求めない。治めようと求めれば、必ずすべてを失うに至る」と述べている。得意とした書作においても「巧みに書こうとする作為をなくせば、良い書が書ける」

と述べている。もともと无妄卦の経文自体にも「耕さないで収穫があり、開墾しなくとも畑が肥える（なら、それでよい）」と見える。これは儲けて富みを得たいという心を持たない純真な気持ちの人物が招く福、いわば「无妄の福」を賞賛したものである。

ところで、本卦六三の爻辞には次のような文章がある。

「无妄の災いというものがある。ある人物が牛をつないでいたところ、道行く人が手に入れて、村人の災いとなった」

分かりにくい内容だが、次のような意味であろう。「ある人が村に牛をつないだところ、通りがかりの者が牛を盗んでいった。牛を盗まれた人は牛を探そうとして、この村で盗まれたから、この村で探すのは当然で正しいことと考える。しかし、そのような意識をもつものによって、盗みをしていない村人は厳しく追及される不幸にあう」

牛を盗まれた人物の右のような考えによって、偶然に生れる災いを无妄の災いというのである。東坡は注で次のようなことを述べている。「无妄とは人を正しい方向に向かわせるものだが、君子は正については、大きな正を全うさせるだけだ。それには道がある。小さなものまで全うさせようとしなければ、大きなものは全うされる。大いに正しい世にも、どうしても小さな不正がある。天下に小さな不正があるのは、大きな正を養うものである」

実は、唐の玄宗の開元時代、宇文融という人物が田地を精査し、国家の収入を増やそうと目論んだことがある。そのため各地の役人は朝廷を喜ばせるため過大な収穫を得たと虚偽の報告をし、結果として安史の乱を招き、国家は衰亡した。中国の文化大革命中にも、これに類似したことがあったようだ。これこそ、苛酷に正義を追求する者によってもたらされた不幸である。東坡の意見はこの事実に基づいているようである。

二十六　大畜䷙

○君子之愛人以徳、小人之愛人以姑息。見徳而慍、見姑息而喜、則過矣。

君子の人を愛するは徳を以てし、小人の人を愛するは姑息を以てす。徳を見て慍《いか》り、姑息を見て喜ぶは、則ち過《あやま》ちなり。

大畜に対比される卦に小畜䷈がある。小畜は上体を巽《そん》と呼び、風の象徴、下体は乾《けん》と呼び、天の象徴である。陽爻三つの乾は陽気が強く、剛健な性質を持っている。人物に喩えれば、有能で勇敢だが多少粗野な性格といえる。上昇傾向が強く、上体に向かって進むが上体の風は柔弱で受け入れる力がない。「乾の上にあるものは、乾を忌む心を常に持っており、乾は不服の心を常に持っている」（大畜注）。下体は上体を軽んじ、上体は有能な乾が昇って来るのを恐れているのである。

それに対し、大畜の上体は艮《ごん》の山であり、どっしりと動かずに乾を受け止める君子といえる。蘇東坡によれば、乾の勢いよく進む徳は後天的に作られたものでなく、本来もっている性質である。一方、艮の山のように静かで安定した徳も本来の性質である。その天成の徳のままに、下から上って来る乾をどっしりと受け止める。そこに作為はなく、全く自然であるから、乾も納得して艮のもとに留まり、働きを示す。これは魚が作為による網を畏れず、鵜の自然さを畏れるのと同じであるという。

また、大畜の長所は、上卦の艮と下卦の乾の組み合わせの良さが互いの美点を伸ばしている点にある。「乾が艮を得なければ、単なる健に過ぎず、艮が乾を得なければ、ただ止まっているに過ぎない。止で健を磨いて発奮させ、健で止を奮い起こす。かくして徳は日々新しく、窮まることがない」

乾は剛健で力や勢いを持っているが、欠点は進取の気性が過度なことである。対して、艮は安定してどっしりしているが、動きがない。両者は単体では限りある能力しか発揮できない。しかし、大畜では互いの徳が相乗作用により、行き詰まることなく、大きく開花することを述べている。小畜の場合は大畜のような厳しい衝突の結果による、互いの成長がないわけだ。

「大畜が乾を止める場合、激しく止めるから、始めは災難も起こりそうだが、最後には順調にゆく。君子は徳によって人を愛し、小人はその場しのぎの愛しかたをする。徳を見て怒り、その場しのぎを見て喜ぶのは過っている」。この後半の部分が冒頭にあげた文章である。

大畜卦は人間の教育、成長について色色と考えさせる。ここで「徳」というのは、その場しのぎのやさしさでなく、将来のことまで考え、相手に厳しく対応することである。東坡は厳しさは人間の成長のために無くてはならないものと考えていたようだ。

六四と六五の爻辞に「幼い牛の角に梏《かせ》をはめる。大いに吉」「去勢した猪の牙。吉」とある。東坡は次のようなことをいう。「幼い牛の角に戒具は必要でない。しかし、それを施すのは、成長後、牙はあっても大人しくなり、戒具が必要でなくなるからだ」と。一見、児童に鞭は必要でないように思われる。しかし、それを実行せず、甘やかせて育てれば、成人になったとき、世間に対し牙をむくようになるということだ。いわゆる「愛の鞭」がすなわち「徳をもって人を育てる」ということであろう。

二十七　頤☶☳

○舎爾霊亀、観我朶頤。凶。

爾《なんじ》の霊亀を舎《す》て、我を観て頤《あご》を朶《うごか》す。凶。

「自分に備わっている霊妙なものを棄て、他人をみてあごを動かしている。凶」

今回は蘇東坡の言葉でなく、『易』の本文（経文《けいぶん》）から選んだ。

「霊亀」は霊妙な力を持つといわれる亀。がつがつ食べることなく万年も生きると考えられている。この亀は自分に備わっているそのような力をかえりみることなく、他人をみて物欲しそうにあごを動かしているのである。自分に備わっている才能をもっと信じなさいと聖人は教えているのだ。

ここではそのような観察がどうして生れるのか、東坡の注によりながら、『易』解釈の方法に少し触れてみよう。頤卦《いか》の「頤」は「あご」や「養う」意味を持っている。そこで本卦は養うことが主題になっている卦とされる。卦には二つの陽爻しかない。陰爻、陽爻では一般に陽爻が主と考えられるから、最下位にあるとは言え、初爻には大きな働きがあると考えられる。養うことが主題の卦において、陽爻は当然陰爻を助けて養って行かねばならない。なかでも初爻がとりわけ養うべきものは、応の関係にある四の陰である。しかし、初爻は四を自分の方に招くのでなく、自分から進んで四に向かう。「自分から進んで向かう」とは、初爻が位置する下体震☳は「動く」象徴を持つことから来ている。四に向かい積極的に動くことから、上位者に養われようとする姿勢も感じ取ることができる。そこから、「自分に備わっている霊妙なものを棄て、他人をみてあごを動かしている」という語句が生れるのである。「あごを動かす」とは、卦形の上体を上あご、下体を下あごとみて、下あごは上あごよりよく動くこと、また震☳は動くことからの連想である。

ちなみに、象徴ということを重んじる漢代の虞翻という人物は、「亀」の語が使用されることについて以下のようなことを述べている。「頤卦☶☳は晋卦☲☷に由来する。晋の四爻の陽と初爻の陰が位を換えて頤卦になったのだ。もとの晋の上体の☲には亀の象があるから、頤卦にも亀の象が使われている。ところで、四爻が初爻の位に来ると、上体の亀の象が毀《こわ》れるから〝爾《なんじ》の霊亀を舍《す》てる〟というのだ」

虞翻は万事この調子で『易』を解釈しているが、東坡は象徴をこのように多用することはしていない。

ついでに、初爻の相手の四爻を見れば「逆しまに初を養う。吉。（初は）虎のように鋭い目つき。欲で招くとどこまでもやって来る。災いはない」とある。「逆しまに初を養う」とは、陽（初）に養われるべき陰（四）が逆に陽を養っている意味である。初爻の陽は始めは虎のように獲物を狙う目つきであったが、四の陰が与えるえさにつられて、急いでやって来て柔順になった。これは初にとって恥となり、凶であるが、四にとっては災いはなく、輝かしい行為で吉となる。ここの解釈は朱子『周易本義』の解釈とかなり違っている。虞翻だけでなく朱子との違いなどが分かるようになれば、『易』を読む楽しみも増すに違いない。

二十八　大過䷛

○人徒知夫陰之過乎陽之為禍也。

人は徒《た》だ夫《か》の陰の陽に過ぐるの禍《わざわい》為《た》るを知るのみなり。

『易』では陽は君子や君主、陰は小人や臣下を象徴している。そこで世間の人は陰の小人が陽の君子より多いことが禍であることを知っている。「しかし」と、蘇東坡は冒頭の文章の前後で説明を加えている。その前に、「大過」とはどういうことか。「大きなもの」が「過剰」な意味である。「大きなもの」とは、「小さなもの」つまり陰に対比して陽を指している。

『易』では二と五は上体と下体の中央で、好ましい位置とされる。二者は応の関係に位置し、五の君主に対し、二は有能な臣下とみなされることが多い。本卦は五と二の位を陽が占拠し、しかも三と四に陽がいる。陽が内部を独占し、陰は追放され、かろうじて上と下（本と末）に位置しているに過ぎない。上爻は無位の地、初爻も位のない庶民の地である。そこで大過は陽の君子が多いので万々歳の卦といえそうである。

しかし、東坡はそうは見なかった。もともと、『易』の経文にも大過の卦形を家屋に喩え、「棟が撓《たわ》む」と警戒の言葉を述べている。これは屋根に通す棟木の中心が陽で重すぎ、本末が陰で支える力のないことを述べたものだ。しかし東坡はさらに陽に対し厳しい見方を示した。「陽が内部で権力の地を得て、陰を排除しているのが大過である。大きなものが過剰だ。逆に小過䷽もあり、これは陰が陽を中にとらえて陰が過剰だ。過とは偏《かたよ》って盛んで、平均がとれていない意味になる。だから、大過は君主が驕り、臣下をあなどる世のことである。『易』が貴ぶのは陽が十分に陰を動かすことであり、陽が陰を凌いで蔑《さげす》むことを貴んでいない。人はただ陰が陽に過ぎることが禍となると知るだけだ。陽が陰に過ぎることが禍となると分かっていない。陰を立てて陽を養い、臣を立てて君を守る。陰が衰えれば養いを失い、臣が弱ければ君は守りを棄てることになる」

　東坡の意見は陽を主体としているが、その対偶としての陰の重要性に注目している。東坡はさらに、陽が過剰になったときの害悪について次のように思い切ったことも述べた。

「四つの陽は棟で、初爻と上爻は棟の寄るところである。ここが弱ければ、棟はたわみ、下に居れば圧迫される。だから、大過の世は国に大事が起り、安らかでないほうがよい。君の奢侈が甚だしくて国に憂患がなければ、上はますます勢いを張り、下は耐えられず、禍は必ずやってくる。だから、経文に〝往く攸《ところ》有るに利あり〟という。事が起こればよろしいということだ。国に大事が起これば患が生じる。患があれば人を危うくさせる。人が危うくなれば君臣の勢いも少しは均しくなるであろう」

　ここでは、国家にむしろ危険が迫った方が、君主の傲慢もなくなり、君臣の勢いが均しくなると述べている。陰陽の共通の価値を意識させ、実現させるために、戦乱の必要性にまで言及している。東坡は陰の重要性を意識することが大きかったと言えるようである。

二十九　坎䷜

○万物皆有常形、惟水不然。因物以為形而已。

万物は皆常形有り、惟《ただ》水のみは然らず。物に因り以て形を為すのみ。

坎には「落とし穴」や「陥《おとしい》れる」意味がある。☵の形はくぼみの中に陽が閉じ込められており、上下にこの卦があるのは困難が重なっている形である。坎には「坎軻《かんか》」「坎穽《かんせい》」などの言葉もあり、あまり良い卦とは考えられない。この卦が水と関係づけられるのは、水も人を陥れやすいからである。

しかし、蘇東坡は水の徳（性質）を好んでいた。

「陰陽が交わって物を生む。その始まりは水である。水は有と無の境目であり、始めて無を離れて有に入った状態である。老子はこのことを知っていたから、〝上善は水のごとし〟〝水は道にちかし〟（ともに八章）と述べたのである」（繋辞伝上五章注）。

道という目に見えない宇宙の根源から陰陽が生じる。陰陽もまだ目に見えない。陰陽が交わることによって始めて目に見える物質が生れる。その最初の存在が水だという。つまり水は目に見えるものの中で、宇宙の根源に最も近い存在といえるのだ。東坡が水を重んじた一つの理由であった。しかし、彼がより好んだのは水の性質であった。水には人を陥れる怖さがある。しかし「坎とは険難（けわしさ）の意味だが、それは水の行くところをいうのであり、水自身のことではない」。水の怖さはむしろ人の油断のせいであり、水自身の本質ではないと言いたそうである。

彼は自分の作る文章を水の美点になぞらえて次のように述べた。「吾が文は満々たる泉源のようだ。地を択ばず、どこにでも涌き出す。平地においては、音を立ててよどみなく流れ、一日千里でも容易に走る。山や石にぶつかれば、曲折して流れ、物に従ってその形になる。どのような形になるかは分からない。分かるのは、行くべきところに行き、止まるべきところで止まることだけだ。それ以外のことは自分でもよく分からない」（『東坡題跋』巻一自評文）。

彼の作る詩文は当時から評判が高かったが、水のような性質を持つことを彼自身が認め、かつ自負していたことが分かる。水のもつ美質は冒頭に続く文章に十分に論じられている。「万物にはみな常形があるが、水だけはそうではない。物によって変形する。世間では常形があるものだけを信用がおけると考え、常形がないものを信用できないと考えている。しかし、四角なものは切って円とすることができ、曲がっているものは矯正して真っ直ぐにすることができる。強制によって形が変わってしまう。常形に信用がおけないことはこのようなものである。水は常形がないが、物によって形をつくり、そのため、あらゆるものに通じる基準として使用できる。工匠は水を用いて水平を求めることができ、君子は法則として水を用いることもできるのだ。常形がないから、物にさからっても傷つくことがない。傷つくことがないから、険《けわ》しい中を行っても信用を失わない。このことからみれば、天下の信用のおけるもので、水以上のものはない」（象伝注）。

形が変わることは変節と誤解されやすい。東坡は逆の視点から水の自由な変化を賛美した。この発想は大変面白い。

三十　離☲☲

○以柔附剛者、寧倨而无諂。以剛附柔者、寧敬而无瀆。
柔を以て剛に附く者は、寧ろ倨《おご》るとも諂《へつら》うことなかれ。剛を以て柔に附く者は、寧ろ敬《うやま》うとも瀆《けが》すことなかれ。

弱者が剛者に付く場合、とかく卑屈な態度で近寄っていこうとする。だが諂う態度を取るよりも、どっしりと落ち着いた態度のほうがよい。剛者が弱者に付く場合、とかく相手を見下して接しようとする。だが汚すような態度を取るよりも、敬う態度のほうがよいという。当然のことのようだが、実行するのはなかなか難しい。

離☲（この三爻だけでも離と呼ぶ）は火を象徴し、「離」には「付く」という意味がある。蘇東坡は離卦について、次のようなことを述べている。「六つの爻は互いに付こうとつとめている。また、火の性質は炎上する。だから下の爻は常に上の爻に付こうとしている」

今初爻を見れば、陽爻であり剛者である。初爻は炎上して二の陰爻つまり弱者に付こうとする。そこで、東坡は冒頭にあげたような忠告を述べたのだ。続けて次のようなことを述べる。「陽剛が自分の付く陰を汚すようなことをすれば、居場所を無くし、自らを棄てるのと同じことになる。だから、初爻において〝履むこと錯然《さくぜん》たり。之を敬いて咎なし〟というのだ」

初爻の部分の意味は東坡の解釈によれば「気をつけて慎重な足音で二に進んでいく。敬う気持ちが現われて咎がない」意味になる。東坡の工夫は炎上する火がすぐ上の爻に取り付くことで統一されていることである。ちなみに、朱子の『周易本義』では「錯然」を「下位に居るのに焦って進もうとし、足跡が乱れて取り乱したようす」と理解している。

本卦九三（下から三番目の陽爻）の爻辞には印象的な文章がある。

「日が傾いた明るさ。楽器を鳴らして歌い楽しまなければ、老年の嘆きがあるだろう」。九三は下体離の一番上にある。離は火と同時に日の象徴でもある。下体の極にあるから、「日が傾いた明るさ」とされる。それに続く文章で、蘇東坡は次のように解釈している。

「火は付く所を得れば伝わるが、付く所を得なければ窮まる。初九が六二に付き、六五が上九に付くのは、どちらも陰と陽が助け合い、付く所を得たものである。しかし、九三が九四に付くのは陽爻同士で火は伝わらず窮まることになる。喩えていえば、日が西に傾き、人が年老いて耄碌するようなものだ。君子がこのようになるのは天命である。だからいたずらに嘆かず、楽器を叩いて歌い、ゆったりと安んずる。もしそうしなければ、安らかな気分にならず凶である」

朱子の『周易本義』も、「天命を楽しむ境地を説いた」としている。王弼は「老年になっても仕事を人に任せて志を無為に養うことをしなければ、耄碌して嘆くことになる」と解釈している。三者とも同じ方向の解釈だが、東坡は陽爻と陽爻が隣合わせで、火が伝わらず困窮することから経文を解釈しているのが特徴である。

三十一　咸 ☱☶

○足不忘屨、則屨之為累也、甚於桎梏。

足 屨《くつ》を忘れざれば、則ち屨の 累《わずらい》為《た》るや、桎梏《しっこく》よりも甚だし。

新しい靴を買ったときは、慣れるまでに時間がかかる。靴ずれができたりすれば、いつも靴に意識が向かい苦痛を感じる。胃腸に持病がある人も、身体の調子が良いときは、胃腸の存在を全く忘れている。蘇東坡がここで言いたいのは、意識がないこと、忘れていることの有り難みであろう。東洋の書画芸術でも、「心は手を忘れ、手は筆を忘れる」という無心の境地の重要性がよく説かれている。そのような状態に至れば、あらゆる束縛を離れた自由な運筆が可能なわけだ。

「咸」は「感」と同じで「感じる」意味である。しかし、咸卦が述べているのは、精神的な感応、つまり物の存在を忘れた感応についてと、その優れた点である。東坡は次のように述べる。

「咸つまり感応するとは、精神で交わることである。身体の存在を忘れて、はじめて精神が存在する。心が残っていると身体の存在は忘れられず、身体の存在が忘れられなければ、精神が忘れられる。したがって、精神と身体は二つ一緒に存在するものでなく、かならずどちらか一方が存在するものである。足が靴を忘れなければ、靴の禍は刑具よりもひどい。腰が帯を忘れなければ、帯の残酷さは縄で縛られるよりもひどい。人が一日中、靴を履き、帯をしめても嫌《いや》にならないのは、その存在を忘れているからである」。忘れるという無心の良さがよく理解できる。東坡は芸術面でも無心について、しばしば論じた。例えば、東坡の少し年長の友人に文同（文与可）という墨竹画の名手がいた。彼の名画を対象にして彼は次のようなことを述べている。

「文与可が竹を画くときは、竹が見えるだけで人が見えない。人が見えないばかりか、うっとりとして自分自身さえ忘れてしまっている。身体は竹とともに一体と化し、清新な画を次々と生み出す」（晁補之所蔵の与可の墨竹に書する三首）。文与可はすべての注意力を胸中に想像した竹に集中する。このとき彼は忘我の境地に入り、世俗の利害得失も忘れ、自己の存在さえ忘れてしまっている。これが「身体は竹とともに一体と化す」状態であり、東坡が理想とした精神状態であった。

東坡がここに述べている精神状態は、『荘子』の「坐忘」を連想させる。「坐忘」とは無心の境地をいっそう深化させた状態、つまり耳目の働きをなくし、心の知をすて、無差別の大道に同化し、身体の存在さえ忘れてしまう状態である（大宗師篇）。『荘子』を好んだ東坡が、ここからヒントを得たことは間違いないであろう。ちなみに、「胸中に想像した竹」とは、画布に画き出す以前に対象の竹を熟視し、胸中に十分な構図を画くことである。この段階が不十分だと眼前の竹は画布の竹に転化しないのである。また、書作でも唐の懐素の書を論じたとき、「巧みを求めないから巧みなのだ。漁夫は船を操作する時、渡れるか渡れないかに意識がないのでどのような波にも驚かず、自若としている。そのようなものだ」と述べている（東坡題跋巻四、王鞏所収の蔵真の書に跋す）。

三十二　恒☳☴

○陽至於午未窮也、而陰已生。陰至於子未窮也、而陽已萌。

陽　午に至りて未だ窮まらざるなり。しかるに陰已に生ず。陰　子に至りて未だ窮まらざるなり、しかるに陽已に萌《きざ》す。

「午」とは正午十二時。「子」とは夜中十二時のこと。陽気は普通正午に絶頂に達するから、そこで陽気は消滅して陰気が始まると誤解しやすい。同じように、陰気は夜中に絶頂に達して消滅し、陽気が始まると誤解しやすい。しかし、そうではないと東坡は述べている。陽は正午十二時になって突如消滅するのでなく、その後も余命をたもっている。余命を保った中で、陰が徐々に成長していく。陰は夜中十二時になって突如消滅するのでなく、その後も余命を保っている。余命を保った中で、陽が徐々に成長していくというのである。

経験上でもこのことは良く分かる。或る日を境に酷寒が猛暑に変化するのでなく、寒暑（陰陽）の二気が混合して存在する期間が存在する。もしこの期間がなければ、生命は寒暑の突然の変化に適応できないであろう。この変化の移行期がむしろ大事なのである。ここでは変化についての重要な指摘がなされている。

東坡はこれに関連し、本卦の「恒」（恒久）の概念について、説明を加えている。

「窮まって変化しない物はない。だから、恒（恒久）であっても、一定不変で変化しないわけではない。窮まらないうちに変化するだけだ。窮まってからはじめて変化するなら、変化の形が有る。まだ窮まらないうちに変化するなら、変化の名はない。これが恒である理由だ」。この意味は次のようなことだろう。

先述の陽が次第に窮まって陰に変化するように、世の中のあらゆるものは、徐々に窮まって変化する。しかし、実は窮まらない内から徐々に変化は始まっているのだ。陽が窮まらないうちに、すでにその中に密かに陰が生じて成長していくように。前のものが完全に窮まってから後の変化が始まるなら、「変」の形があるし、「変」という名をつけてもよい。しかし、窮まってから変化するのでないから、外見では変化しているように見えない。同じ状態が続いているように見える。これが「恒」という名称がつけられている理由だ。

ここでは、「恒」（恒久）のなかに存在する変化の実体と、「恒」とは決して不変を意味するものではないことが強調されている。だから、恒とは変化せずに変化しているものといえる。一年の形は変化しないが、一年の中に四季の変化があるようなものであり、四季の推移の中に、二つの季節の混合があるようなものだ。

『易』の繋辞伝という部分に「窮まれば変じ、変ずれば通ず」（ものごとは極点まで行ってしまえば変化が起り、新しい道が開けて通じるようになる）と見える。東坡はこの「窮まれば変ず」という部分に新しい見方を加えたのである。清の王夫之という思想家も「動いている時に静かであり、静かな時に動いている。静は動を含んでおり、動は静を棄てていない。動が窮まってからはじめて静になり、静が窮まってからはじめて動になるというのは浅はかな考え方である」と述べている。ここには、陽は陰でないとか、陰は陽でないとするように、物事の矛盾を偽だとは決めつけず、物の対立・矛盾を通して、その統一により一層高い境地に進むという、運動・発展の姿において物事をとらえる見方、いわゆる弁証法的な見方がよく出ているのではなかろうか。

三十三　遯䷠

○君子之遯、非直棄去而不復救也。以為有亨之道焉。

君子の遯は、直《ただ》に棄て去りて復た救わざるに非ざるなり。以て亨《とお》るの道有ると為すなり。

「君子が逃げ出すのは、現状から逃げ出して二度と救わないというのでなく、逃げ出すことで手際よく通じる道があると考えるのだ」

「遯」は遁走や隠遁の遁と同じで、ここでは陽（君子）が逃げ出す、隠退する意味である。遯卦は消息卦という卦に分類されている（臨卦参照）。遯卦は姤卦䷫の一陰が二の位まで勢いを伸ばし、さらに上昇して陽を追い詰めようとする卦と考えられている。下から成長する陰には止まらぬ勢いがあると見なされるのである。しかし、卦形を見れば、陽が上位を占め、数の上からみてもなお陰の倍もある。二の陰も五の陽と応じており、陽に味方するものと見ることもできる。にもかかわらず陽がはやばやと逃げねばならないのはどうしてだろうか。

蘇東坡はその疑問を整理して以下のようなことを述べた。

「陰は否䷋において盛んであり、やがてさらに伸長して剝䷖になる。しかし、その間にも陽の君子がいないわけではない。遯は二陰が四陽の下に伏しており、陰はまだ陽に勝つ力がない。しかし、それでも陽が逃げ出すのは、通じる道があると考えるからだ。今、二陰は内にあり、遯の主となっている。陰の勢いは至って鋭いが、その朋は至って少ない。鋭ければ最後には必ず勝つが、少なければ心はいつも衆を得ようとしている。そこで君子（陽）が陰のまだ勝たないうちに逃げ出せば、陰はともに仕事をする有能な仲間もないので、陽を求めようとする。陰が陽を求めようとして、はじめて陽は居場所を得ることができる。だから、陽は逃げ出すことによって、万事好都合にゆくのである」

「二陰が内にあって遯の主」とは、内卦を朝廷と見て、朝廷内の勢力を独占しようとしていること。また、消息卦においては、下の陰の勢いが強く、卦の主とみなされることを指している。ここで東坡が言いたいのは、陽がいち早く逃げ出すことで、陰の善心が自然に起こるのを期待するということであろう。

東坡は強制ということを大変嫌っていた。前にみた蒙卦でも、理想の教師像を述べて、「仮にも相手が達しようという気持ちにならないのに、無理に啓発しても達することがない。そのようなことを再三行なえば、正しい物を得るとはいえない」とあった。連帯においても、強制的な同化は反発を生みやすいが、自然な同化は強固な連帯を生む。

遯卦でも陽（君子）が陰に逆らって正面から教導するより、逃げて相手を自発的に悟らせるほうを選んだのである。逃げれば相手は求めて来る。陰が自然に陽を求めてこそ、結びつきは強くなる。余計な摩擦や諍いを避ける最善の方法が逃げることであり、陰が自然に求めて来たとき、真実の和解と結合が成ると考えたのだ。

三十四　大壮䷡

○見触不校、即而懐之、以為其徒、則可以悔亡。

触れられて校せず、即《つ》きて之を懐《なつ》け、以て其の徒と為せば、則ち以て悔い亡ぶべし。

「攻撃を受けても仕返しをせず、近づいてなつけ、自分の仲間とするなら、後悔することもなくなるだろう」

九四（下から四番目の陽爻）の辞につけた蘇東坡の注である。無駄な戦いを避けようとする東坡の考え方がよくうかがわれる言葉である。

大壮卦も前回に見た遯卦と同じく、消息卦に分類されている。下から伸びていく陽に勢いがあり、二つの陰を追いだそうと迫っている。陽（大）に勢いがある、或は陽が大いに壮《さか》んだから「大壮」と名づけられた。ここでは、この卦の解釈について述べてみよう。

下体の三爻は羊、上体の三爻は柵に喩えられる。上体の柵と下体の羊はそれぞれ応の関係で接触しあう。つまり、初九の羊は九四の柵に、九二の羊は六五の柵に、九三の羊は上六の柵に突当たり、柵の方は破られまいと羊を防ごうとするのである。冒頭にあげた九四と深く関係するのは初九である。しかし、両者の関係に言及する前に、他の爻の関係を見ておきたい。

九二の羊は陽で力強い。六五の陰を敵として進んでいく。しかし、六五に力まかせに突当ることはしない。かといって陰を助けるために退くこともしない。九二は敵を傷つけることなく、自らも傷つくことがない。このような分別ある態度が取れるのは、下体の中央に位し、中庸の態度が取れるからである。そのため、『易』の判断では「吉」となっている。

九三の羊は陽で力が強い上に、三の陽位（奇数位を陽位、偶数位を陰位という）に位置し、陽が重なり合って「壮陽」と呼ぶにふさわしい。対する上六は追われる陰の一番上に位置し、力はほとんど尽きて「窮陰」と呼ぶにふさわしい。壮陽が窮陰に突当ればどうなるか、最初から勝負は目に見えている。しかし、強者が弱者を軽視し、謀略に陥ることもしばしば見られることである。そこで、『易』の経文では「（陽が陰に突当るのは）正しいが危険なことだ。雄羊は柵に角を絡ませて苦しむことになる」と述べている。

さて、初九も九四に向かって進んでいく。しかし、この衝突には他爻と異なる事情がある。他爻では陽が陰に突当るが、ここでは陽が陽に突当る。つまり、敵の陰に向かう前に味方の陽同士がぶつかり合うのである。本来、九四の陽も下体の陽と一体となり、敵の二陰に向かうべきである。そこで、東坡は次のように述べる。

「九四が突当って来る初九を怒り、その角を苦しめれば、敵が滅びないのに内輪で戦うことになる。だから、攻撃を受けても仕返しをせず、近づいてなつけ、自分の仲間とするなら、後悔することもなくなるだろう。初九のために柵を開いてやる。すると、前には自分に突当ったものが、今度は自分のために働いてくれることになる。そこで力を合わせて敵に進むのだ」。

東坡も陽の立場から陰を敵とみているが、出来る限り内輪の争いを避け、親和を重視する姿勢がよくうかがわれる注釈である。

三十五　晋☲☷

〇其所失、終亦必得而已矣。

其の失う所も終《つい》に亦《ま》た必ず得るのみ。

晋は「進む」意味。上体の離☲は日の象徴、下体の坤☷は地の象徴。日が地上より進み上天に輝いていることから「晋」の名称がある。蘇東坡の易の解釈は戦国時代の縦横家や兵家のように、争いやかけひきを主体にしている場合が多いと言われる。東坡によれば、争いや和解を生む憎しみや嫉妬や怒りや愛は人間に普遍の感情であり、太古の易の作者もそれにのっとって易を作ったからこそ、普遍性を備え現在まで伝わってきたという。東坡の易注が人情の機微に触れて面白いのもそのような所に原因があるようだ。

晋卦の解釈にも東坡の特徴はよく現われている。晋卦で重要な爻は五の主爻の傍にいて権力を振るう四の臣下である。五は陰で弱い面もあり、四は逆に陽で勢いがある。今、下体の三爻は上体の輝く日——特に日の主体の五に向かい進んで行こうとしている。三爻の中で初爻は四爻の陽と正応の関係にある。そこで初は他の二陰を無理に引きずり込み、積極的に四爻のもとに出かけようとする。東坡はこの情況を次のように述べている。「三陰はみな離☲に進もうとしている。しかし、九四の陽は要所にいて、三陰を合わせて得ようとしている。初六は四に応があるから、衆を連れて四に行こうとする。初六が四に行くのは正しいが、衆を連れて行くのは不正である。だから、衆の信用が得られず、衆はその企てをくじこうとする。そこで、初は彼らにゆとりをもたせることによって、自分は咎から免れることができる」。東坡は初に対し、他の二陰を無理に引きずり込まないようにと戒めているのだ。

六二と六三は四の妨害を受け、経文（易の本文）ではともに「愁いがある」「後悔がある」と否定的な文章が見られる。では、九四についてはどうか。経文には「進んで行くムササビ。正しいが危うい」とある。「ムササビ」は飛ぶ、走る、泳ぐなど五つの能力を持つが、どれも中途半端で本物でない。彼が初を得ようと進んで行くのは正しいが、二と三まで得ようとするのは、能力以上を目指すもので無理だ。しかも、初についても自分の位は不正（陽爻陰位）だから、手に入るかどうか危ういとされる。

では六五はどうか。経文には「後悔はなくなる。得るものを失うが心配しないでよろしい。進んで事を行なって吉。万事順調にゆく」とある。東坡は次のようなことを述べている。

「四が五の仲間（二と三）を奪ってしまう。しかし、二と三は四の仲間にならないから、後悔はなくなるのだ。そもそも、尊位にある五が下って行き、四と自分に附く者を取り合うのは狭い了簡だ。だから、当然得るべきものを失っても、心配することはない。五が尊位にあるのに争わないとすれば、四がどうして三陰を取ろうとするだろうか。だから、五が失うところも、最後には必ず得ることになるのだ」

東坡には争いを放棄し、物を棄てることによって逆に得るという思考が強くある。相手の善意を絶対的に信頼しなければ、棄てたり譲ったりする行為は難しい。彼には人の善意に対する強い信念があるようだ。いずれにしても、蘇東坡の易解釈は、解釈の糸口に争いを立てているが、目ざすところは争いをなくそうとすることであった。相手に譲ることで争いを収めようとするのである。

三十六　明夷☷☲

○六爻皆晦也。而所以晦者不同。自五以下明而晦者也。若上六不明而晦者也。

六爻は皆晦《くら》きなり。而して晦き所以の者は同じからず。五より以下は明るくして晦き者なり。上六の若《ごと》きは明るからずして晦き者なり。

明夷は「明るさが夷《きずつ》く」という意味。上体が坤で大地の象徴。下体が離で日の象徴である。地の下に日があり、明るさが発揮できない。明るさが傷つけられる、やぶれる意味で「明夷」という。明夷といえば、黄宗羲の『明夷待訪録』を思い出す。書名は明末清初の大難の時代に自分を訪ねてくれる賢主を望む意味である。

この卦は暗君の下で臣下はどのように行動すべきかを論じた卦で、卦全体から言えば、上体の地☷が暗君、下体の日☲が臣下を象徴している。ただ、爻ごとに言えば、最高位にある陰爻が君主、下の五爻はすべて臣下に当てられている。

初爻の経文には「明夷于飛、垂其翼。君子于行、三日不食。有処往、主人有言」とある。蘇東坡の注によって大意を言えば、「自らの明をきずつけ賢明を隠し、翼を垂れて飛べない姿をみせる。いざ君主のもとを去る時は、束縛を恐れ、食事をする暇もないように急いで去る。どこに去ろうと、いずれも君主の敵だから、君主から疑われる」となる。初は君主から遠く離れ、位も下位だから賢明な徳を隠して朝廷を去ってよい。

二は五（一般的に君主の位を指す）と応じあっているから、権力のある地とされ、国の未来に責任を持たねばならない。さらに下体離明の主となる爻で、中の位にあり、人臣の軌範を守る賢明な臣下とされる。経文には「壮んな勢いを持った馬で君主を救いに行けば吉」とある。三も離明☲の中にあって賢明である。しかし陽爻陽位で勢いが強すぎ、上六の陰柔の君主と匹敵するほどの強さがある。余りに焦りすぎて不明の君主を救いに行けば、権力を奪いに来たかと疑われる恐れがある。疑いを避けるために南方にいる首魁を征服しにいく。四は上体に上ったとはいえ、上体の中では君主から遠く離れているため、君主から去ってよい。しかし、最初は注意深く君主の心に入りつつ、いざ去るときは急いで去る。五は暗君の傍にいて、義として去ることができないことは、殷の紂王の叔父・箕子に似ている。そこで恥を受けることになっても、身を守り、賢明を全うする道を選ぶ。

東坡は以上のようなことを述べている。

結論として冒頭にあげた文章を記している。

「六爻は皆晦いが、晦い理由は同じでない。暗君が上に居る明夷の世ではみな暗くならざるを得ない。五より以下初に至るまでの晦さは、それぞれ已むを得ぬ事情から晦いものである。しかし、この晦さは始めは晦くとも最後には明るくなる。しかし明夷の窮極にいる上の晦さは本来不明で晦いものである。上に居るから無理に明るく装っているが、実体は晦い」と。文字通りの暗君のもとでは臣下はそれぞれに苦労を味わうということであろう。

三十七　家人䷤

○家人之道、寛則傷義、猛則傷恩。

家人の道は寛なれば則ち義を傷つけ、猛なれば則ち恩を傷つく。

「家族の道は、ゆるやかであれば義（すじめ）を傷つけ、たけだけしければ、恩愛を傷つける」

家人は家庭の平和にとって何が重要なのかを教えてくれる。冒頭の語は初九の爻辞「閑有家、悔亡」（有家に閑《ふせ》ぐ、悔い亡ぶ）に付けた東坡の注である。「家に邪悪が入った場合、それを強い態度で閑《ふせ》げば悔いはなくなる」意味になる。「強い態度で閑ぐ」とは、初爻が陽爻陽位で柔らかさがなく、剛強であるところからのイメージである。

しかし、東坡は家庭では徳を用いるのが正しいと考え、剛強な態度を無条件で認めていなかった。そのため、初爻の強さを否定的に捉えている。ただ、一旦邪悪が入った場合、寛容の態度では悪の蔓延が防げないとし、剛強を認めたのである。

これと関連して九三の爻辞に「家人はふうふうと音《ね》をあげ、後悔が生れ、危ういが、吉。婦人や子供がきゃあきゃあ喜ぶが、最後には恥をかく」とある。九三も陽爻陽位で強さが過剰である。そこで家庭で厳格さを発揮しすぎ、家人が音をあげているイメージが生れる。しかし、家人が音をあげているのを見て、寛容に改めれば家庭が懐れてしまうのが心配だ。そこで、「音をあげさせることになっても、最後には吉になる、節度を失えば最後には恥をかくことになる」と聖人は戒めたのだと東坡は解釈した。

一家の主人にとり、家庭をさばいていくのは確かに難しいことだ。寛容に流れすぎれば邪悪が芽生え、厳格に過ぎれば家人が苦しむ。前に見た蠱卦においても、家庭の邪悪を治める難しさを、「之を正せば則ち愛を傷つけ、正さざれば則ち義を傷つく。是《ここ》を以て至難と為すなり」と述べていた。厳正であってなおかつ正義を失わない処理とはどういうものか。蠱卦では、腐敗を改めつつ、厳しい追及の痕跡は残さないように努力するという中庸の態度が理想とされていた。

家人卦ではどうか。東坡はいう。

「君子は虚言を吐かず、行動は常に一定にする。虚言がなく、行動が一定しておれば、あばずれ女でも暴力子弟でも、粛然としないことがなく、恩も廃《すた》れることがない。これこそ至れるものだ。

曾子がいうには、人の道で貴ぶことが三つある。容貌を荘重にすれば、侮られない。顔色を正しくすれば、信頼される。正しい言葉を使えば、野鄙な言動を追放できると。このようであれば、どうして家庭の邪悪を防ぐことなどあろうか」

曾子は孔子の弟子で親孝行で知られ、『孝経』を著わした。曾子の言葉は『論語』泰伯篇に見える。ここで東坡は家庭を治める時の徳の内容を具体的に述べている。「うそをつかず、行動を一定にし、容貌を荘重に、顔つきを真面目に、言葉使いを正しくする」ということだ。この点に注意すれば、家庭内に邪悪の入る余地はないという。逸脱しがちな我々にとり、常識的で面白くない意見だが、家庭ではこの常識が大事なのである。現代においても、金持ちの独身貴族から見れば、家庭など常識的であまり愉快なものではないであろう。

三十八　睽☲☱

○両窮而後相遇者、不約而交相信。
両《ふた》つながら窮して後相遇う者は、約さずして交《こも》ごも相信ず。

○天下所以睽而不合者、以我求之詳也。
天下睽《そむ》きて合せざる所以の者は、我の求むることの詳なるを以てなり。

先にあげたのは九四の爻辞注で、「窮まった者同士が遇えば、約束するわけではないのに互いに信じあう」。後にあげたのは上九の爻辞注で、「互いに背きあって気が合わないわけは、相手に細かく求めすぎるからだ」の意味になる。

相手に細かく要求すれば、相手を嫌がらせ、ついには憎みあう。しかし、見捨てられて行き詰まった者同士は、相手にしつこく要求しないから互いに信じ合うことができる。分かりやすい事実である。前出の賁卦注にも「窮まった二者の関係は、簡略な礼儀でも長持ちする」とあった（坎卦も参照）。

睽卦注のもとになった爻辞には次のようにある。「背いて一人。立派な人物と出遇い、互いに信じ合う。危ういが災難はない」（九四）。

東坡によれば睽卦では陽は必ず上に向かうという。この法則からいえば九四は上に向かうが、受け入れてくれる正応が見つからない。窮まった状態である。ところが、初九の陽が応を求めて九四に向かい上ってくる。四は初と陽同士だから初を拒もうとする。この四と初の両者はどちらも受け入れてくれる相手がなく、危険な状態といえる。しかし、むしろそのために、困窮した者同士としての親密さが生まれ、約束もなく互いに信じあう関係になりやすいのである。爻辞の「立派な人物」とは陽爻陽位（正位）の初爻をさしている。四は初爻と信じ合い、危険も収まり災いは去ることになる。ちなみに、睽卦では他の爻はみな正応の関係である。

四と初の関係を明確にするために、初爻も見てみよう。

初九の爻辞に「馬を喪うが追うことはない。自然に帰って来る。悪人に会えば咎はない」とある。難解な文章を解釈するには手腕を要するが、蘇東坡は次のようにいう。

「初九は四に升って行くが、四は正応でないので初を拒む。拒否する四は自分（初九）にとって逃げた馬であり、悪人である。しかし、四の陽も上には応がないので、落ち着き先のない馬である。逃げても落ち着き先のない馬は、追いかけずとも自然に初に戻って来る。人はただ自分と同じになろうとするものだけを好み、異なるものを憎むので、背くことになるのだ。初は悪人と見える四に遇えば災いはない。戻って来れば、避けずに会えばよろしい。自分を拒んで逃げる者が、必ずしも悪人ではない」

逃げる者が悪人に見えても、戻って来ることがあるから、必ずしも悪人ではない。互いに困窮した時は逃げていく者とむしろ深いつながりが生れる場合があるということである。

三十九　蹇☵☶

○勢不可往者、非徒往而无獲、亦将来而失其故也。

勢いとして往くべからざる者は、徒だ往きて獲るなきのみならず、亦た将に来たりても其の故を失わんとするなり。

「進んで往くべき形勢でない場合に進んで往けば、得ることがないばかりでなく、戻って来てももとの場所さえ失うことになる」

蹇卦は下体☶が山で上体☵が水。険しい山を超えていけば、上にまた水の険しさがある意味で大難の卦である。したがって、原則的には進むことをせず、もとの場所に踏みとどまるのがまさるとしている。ただ、君子は難を救うのが本分だから、出かけようとする気持ちを持つことになる。

卦辞には「西南に利あり、東北に利あらず。大人に面会すればよろしい」とある。方位から言えば艮（山）は東北で、坎（水）が北に当たる。東北が山と水の難のある地とすれば、その反対の西南は難の無い地になる。八卦の方位からも、西南は坤で平坦な大地に相当している。

蘇東坡は次のようにいう。「君子が難を犯して人を安んじようとすれば、まず我が身を安んずべきである。そこで難の無い地に立って難の在るところ、形勢の可否を見て、良いと分かれば赴く。難の在るところに自分も居れば、大人物を求める暇もなく、道は窮まることになるだろう」

初六の爻辞に「往けば蹇《なや》み、来たれば（戻って来れば）誉あり」とある。蹇卦の中で九五は君位にあり、中正で主役の爻にふさわしい。大難の中にいて、自らも上卦水の険難の中にあり、並みでない苦しさに遇いながら、難を救おうとする人物である。この主爻だけは、自らの窮地にかかわらず、難に立ち向かう者といえる。他の爻は五のもとに至って、難に向かうために協調しようとする者である。

初六の爻辞注で蘇東坡は次のように述べている。「難を見て出かけても、難に当ることができず、窮まって戻って来ても、人はそれを責めない。已むを得なかったからである。ただ、初六だけは最下にいて前方の難から遠く、難に深入りせずに戻って来た。そこで誉れを得るのである」。ここでは、蹇卦の爻辞に爻を咎める言葉がない理由と初六の行動の褒められる点を説明している。

九三の爻辞に「往けば蹇み、来たれば反《かえ》る（戻って来ればもとの位に反ることができる）」とある。冒頭にあげた言葉はここに付けた東坡の注である。冒頭の言葉に続けて、東坡は次のように説明する。「なぜかといえば、険難が前にあり、可否を慮らず、軽々しく出かけ、仮にも進めないとすれば、わが行動を譏る者が必ず出てくるからだ。しかし、九三の場合は険難に悩み、戻って来てももとの位を得るのは内の者がその復帰を喜ぶからである。内卦の二陰（初六と六二）は、柔弱で険難の時に自立することができず、九三を待って防禦の盾とする」。これに対し、六四の爻辞は「往けば蹇み、来たれば連なる（戻って来れば険難が連なる）」とある。その理由は、六四が難に赴けば、陽爻陽位で強い九三がその後を襲い、位を奪ってしまうからである。九三は六四との関係では油断ならない陰謀家になり、下の二陰の関係では弱者を守る強い盾となっている。爻の関係で性格がさまざまに変化するのも『易』の面白い点である。というより、爻辞に合わせてうまく爻の関係を処理するのが、注釈者の腕の見せ所であろう。

四十　解 ䷧

○雖貞於一、猶吝也。而況兼与乎、醜之甚也。

一に貞と雖も猶吝なり。しかるに況んや兼ねて与にするをや。醜の甚だしきなり。

○夫欲斃所争而解交闘、惟不渉其党者能之。

夫れ争う所を斃《たお》して交々《こもごも》闘うを解かんと欲すれば、惟だ其の党に渉《かかわ》らざる者のみ之を能くす。

「解」の意味は困難の解消を意味している。そのわけは、上体が震☳、下体が坎☵であることに由来している。つまり下体坎の象徴する困難から動いて上に逃れた形だからである。震の象徴は「動く」。卦辞には「西南に利がある。往くところがなければ戻って来れば吉」とある。その意味は次のようなことになる。

上卦の震は方位でいえば東、下卦の坎は北に当る。水の難所から脱出した卦形が象徴する東と北に難が無いとすれば、その逆の方位、西と南には難があると考えられる。そこで、難を解消するため西南に向かえば、衆の心を得ることができる。そこで「西南に利がある」。しかし、西南に難の存在しない場合は「もとの東北に戻って来るのがよろしい」というわけだ。

さて、解卦を紛争の解決を述べた卦と捉えた東坡は、爻同士の紛争の姿を応や比の原則を用いて次のように解釈する。

六三の陰は卦の中で正応が無い点と、二と四の両陽に挟まれている点、さらに陰爻陽位で不正な点が紛争の火種となっている。二と四の両陽には五と初という正常な関係の配偶がいる。しかし、三は比の関係にある両陽（二と四）を自分に取り込もうとしている。そのため、五と初は気が気でない。

二と四はそれぞれに正応があり、本来争う者でないが、三を挟んで敵対関係も生れている。さらに、二を挟んで上下に両陰があり、四を挟んでまた上下に両陰がある。初爻から五爻までは込み入った関係にあり、上爻だけが争いの利害関係から離れた立場にあることが分かる。このように見てくれば、冒頭の言葉もそれほど難解ではないだろう。

「三の陰は一人に貞淑であったとしても、（それは正式な相手でないから）なお恥ずかしいのに、ましてや二と四の二陽をともに自分のものにしようとしている。これは醜の甚だしいものだ。（だから悪いことが起こる）」（六三注）。

「二と四の二陽が争うのは、三が取り付いて離れないからだ。誰が三を去らせることができるのか。二と四は紛争の当事者であり、三を手にいれようとしているから無理だ。五と初はそれぞれ二と四の配偶であり、三に疑われる。争いの中心を斃《たお》し、互いの闘いを解消できるのは、その身内でない上六だけである」（上六注）。

ここから得られる教訓は、

「欲に駆られて多くを手にしようとすれば、失敗する」

「紛争を解決するのは、当事者には無理であるから、紛争に関りないものを選んでまかせなければならない」

ということである。

四十一　損☶☱

○君子之益人也、蓋亦有无以与之、而人不勝其益者也。

君子の人を益するや、蓋し亦た以て之に与うるなくして、人其の益に勝《た》えざる者有るなり。

「君子が利益を与える場合、与えていないのに、持ちこたえられないほどの利益を受けることがある」

世間では形に現われたものの享受を、利益や幸福と考える場合が多い。最も典型的なものは現金につながるものであろう。現金の授受によって位階や職を得ることが幸福につながると考える人は多い。しかし蘇東坡がここで述べる利益とは、有形のものではない。

落語の「ねずみ穴」は、父の遺産をついだ兄弟の物語である。兄は受けついだ田畑を金に換え、都に出て商売で成功する。弟は田舎で女遊びをして遺産を食いつぶした結果、都にいる兄を頼って上京する。しかし、兄は弟に三文しか援助しなかった。三文は有形の援助だが、事実は無に等しい。弟は与えられた三文を投げ捨てようとしたが、考え直してこの日から発奮し、ついに兄に並ぶほどの成功を勝ち取ることができた。この話で弟が兄から得た利益とは、有形の金でなく、無形の知恵であろう。しかも知恵の方が金よりも価値が大きいのだ。東坡の損卦注はこの話と通じるところがある。

六五の爻辞に「思いがけず、十朋の亀を与えられる。受取りを拒否しても勝手に与えられる。元《おおい》に吉」

とある。「十朋」とは十種類の霊亀の意味だが、ここでは本物の亀でなく、霊妙な知恵を喩えている。もともと損卦は、下体の三爻が自らを損して上体の三爻に利益を与えるという構造で、名称の損の由来は下体にある。

東坡によれば、充実した陽である初爻は、下位にあるからどうしても自分を損して上体（陰虚の四）に往かねばならない。しかし上体から要求されてから往くようでは、要求は限り無く増える恐れがある。

六五の陰虚に対しても、九二の充実した陽が利益を与えねばならない。しかし、九二の爻辞には「正しい態度を守ればよい。進んで往くのはよくない。自分を損しないで相手に利益を与える」とある。九二は中央の好位置を得ているから無暗に動こうとせず、精神的な利益を相手に与えることを考えればよいという意味である。東坡は「初爻がすでに上体に益を与えたので、二は実際には往く必要がない。心では往こうとするが、その迹（現実）は往かない。自分を損しないで相手に利益を与える、とはこの意味だ」というようなことを述べている。

その後に東坡は次のように続ける。

「一体、己を損して人に利益を与えれば、その利益は損した分だけに止まる。己を損せずして人に利益を与えれば、その利益は限りがない。九二は己を損せずして六五に利益を与える。だから、六五は十朋の亀を得るのだ」。つまり、六五はやって来ない九二によって、十朋の亀（霊妙な知恵）という精神的に価値の高いものを与えられるのである。君主の位に当る六五は、下位の九二に有形の援助を求めて良いはずである。しかし、上体の中で現実に有形の援助を得るのは最上位の上九だけで、他の二爻は心の援助を得るにすぎない。(1) 君主の位に居りながら、有形の援助を求めようとしない謙虚さを持つことが、結果的に拒むことができないほどの霊妙な知恵の援助を受けることにつながるのである。

注

（1）蘇東坡は上卦の艮《ごん》☶は、坤《こん》☷に乾《けん》☰の一陽が施された形とみる。したがって、損卦で陰虚から充実した陽に変化し、現実的で目に見える利益を得ているのは一番上の上九だけと考える。東坡は上九を「受益の地」、六五を「受益の主」と呼んでいる。

四十二　益䷩

この卦の蘇東坡注では特別名言というようなものも見つからないので、東坡の易解釈の一端を見ることにする。

直前の損卦䷨と益卦䷩の形は上下をそのまま逆に見た関係になる。この関係を反卦、綜卦などと呼び、両卦には密接なつながりがあると考えることが多い。易六十四卦中の反卦は、他にも屯䷂と蒙䷃、需䷄と訟䷅、師䷆と比䷇、剝䷖と復䷗、夬䷪と姤䷫などがある。益卦の名称は先の損卦と同じく、下体に由来している。損卦では下体が損して上体に益を与えた。その上体が今度は下体になり、下体が上卦から益を受けることになっている。したがって卦名は益となる。

損卦と益卦の関係を東坡は次のように述べる。

「益の下体は損の上体である。したがって、損が理解できれば、益が理解できる。逆から見れば、益の初九は損の上九である。初爻から上はすべて同様である。ただ、上下内外が同じでないので、その事跡は少し異なる」と。「上下内外が同じでない」とは、損卦の上体艮☶は、益卦では下体に移り震☳に変化し、また位が移動するため爻の事情も変わる類である。

このことを益卦で確かめてみよう。六二の爻辞に「思いがけず、十朋の亀を与えられる。受取りを拒否しても勝手に与えられる。永貞なれば吉。王用《もっ》て帝に享す」とある。益の六二は損の六五に当たり、損の六五にも同様の言葉があるが、少し異同がある。損で「元《おお》いに吉」の個所が、益では「永貞なれば吉」に変り、さらに「王用て」以下が新しく加えられている。東坡は次のようなことをいう。

「益の六二は損の六五である。損の六五[1]が獲た亀は九二が己を損せずして六五に与えた精神的な利益であった。益卦の六二が獲る亀は九五が心で与える精神的な利益である。益卦では利益を受ける者は臣下の位にある。だから、五（王、君主）に対し永貞（長く義を守る）ならば吉とする。仮に益を受ける者が臣下でなく王であれば、天帝を享《まつ》ることを吉とする。どちらも益を受ければ、お返しを忘れてはなるまいぞということだ」。これは損卦と益卦で上下の位に変化が生じるから、それによって爻辞の内容も変わってくることを示すものである。

　益の九五の爻辞に「信頼を寄せ、心で二に恵みを与える。問うまでもなく、おおいに吉である。二は信頼を寄せ、五の徳に恵みで応じる。二は永貞（五に対し永く義を守ること）で報いる」とある。東坡は次のようにいう。

「益の九五は損の九二である。心で恵みを与えれば、恵んでも、物入りにならない。損の九二は己を損しない利益を与え、益の九五は物入りにならない恵みを与える。実は同一のことである。一体、物入りにならない恵みを、下はえり分けることがあろうか（すべてを受け入れる）。だから、問うまでもなく、五にとっておおいに吉である。我（五）は二を信じる。だから、二も我を信じる。我は二を徳とする。だから二も我を徳とする。（下は）信をもち我の徳に恵みをもって応じ、永貞（永く義を守ること）をもって上に報いる」と。

東坡の解釈によれば、損卦と益卦の関係はつながりが深い。我々の実際の生活においても、視点を変えることで、損が得（益）になり、得（益）が損になる場合がある。損卦と益卦は全く逆に見えて、実は深いつながりがある。両卦の比較は、視野の拡大につながるに違いない。

注

（1）「獲」は普通「得」の意味だが、東坡によれば獲と得には違いがある。「獲」には本来自分の所有でないものを得るというニュアンスがあるという（随卦）。

四十三　夬☱☰

○与小人処而壮見于面顔、有凶之道矣。

小人と処りて壮　面顔に見《あら》わるは、凶の道有り。

「小人とともにいて、勇ましさを顔に現わせば凶を招くことになる」

小人は瑣細なことでも、見咎めて追及してくる。まして、勇壮な顔つきで向かって行けば、思いがけぬ災難に遭う恐れがある。君子は穏和な姿勢で小人に対処すべきだという忠告である。しかし、背景の説明がいる。

夬《かい》は決と同じで、決断という言葉もあるように「きっぱりと処理する、切り捨てる」意味をもつ。夬卦は消息卦と呼ばれ（臨卦を参照）、五つの陽爻が下から勢力を伸ばし、上に残った一陰を外に追放しようとしている。『易』では陽は君子や善人の象徴、陰は小人や悪人の象徴であるから、陰を切り捨て、純陽の乾卦☰☰に成ろうとする夬卦は喜ぶべき卦の一つである。

冒頭にあげた言葉は、陽爻の九三に付けられた注で、陰（小人）を切り捨てる決意を顔に表わすのは危ういと教えている。しかし、他の陽にとって気がかりなのは、九三と上六が陰と陽の正応関係にあることから、九三は仲間の陽に背き、陰と仲良くなるのではないかということである。疑念を振り払うため、九三はことさら厳しい顔つきで上六の陰に向かわなければならない。朱子は「九三は疑われやすい。そこで、陰を切る決意をいっそう強め、私情をはさまなければ、他の君子の怒りをかうことがあっても、小人を切ることに成功し、咎はない」と述べている。朱子はその後で、晋の温嶠と王敦の関係を例示している。温嶠は王敦と仲良くみせながら、王敦の謀反を元帝に密奏したのである。厳しい顔つきで小人のもとに出かけ、表面やさしく交際するとみせかけ、最後に相手を切り捨てる君子の容赦のなさを朱子は連想したのだ。陽（君子）を応援して陰（小人）に厳しい扶陽抑陰の立場がよく現われた解釈であろう。

この解釈は蘇東坡でもほぼ同様である。

「九三の君子は陽爻で陽位に居て、剛が強く、陰を切る決意の断乎たる者だ。上六との私情を疑うことはできない。仮に、仲間の陽を捨てて独り出かけ、上六の陰と和合して雨となり、仲良く濡れるようなことになっても（陰を切る決意は変わらない）。わが九三の心を知らないで怒る者がいても、最後には咎める者もなくなるはずだ」

両者の注をみれば、扶陽抑陰の立場が知識人の間に広く受け入れられていたことが良く分かる。しかし、実は東坡は陰に対し、朱子ほどの厳しさは示さなかった。

九五の爻辞に「莧陸《けんりく》　夬を夬にす。中行なれば咎なし」とある。朱子は大略「九五は上六を切るべきときに、上六の陰のすぐ近くにいて陰気に感じ、まるで莧陸（陰性の柔弱な植物）のように決意も湿りがちである。だから、聖人は九五に対し、もしも、上六の小人を切って、さらに切って、しかも過剰な乱暴にならず、中庸の行為に合致すれば、咎はないであろう教えたのだ」という。聖人は九五に対し、結局、最後には陰を切り捨てるように勧めたことになっている。

東坡のニュアンスは大分違っている。

「上六が切り捨てるに足りないのは、陰爻陰位で莧陸《けんりく》のように柔弱だからだ。九五は陽爻で陽位におり、夬（切ること）のとりわけ優れたものである。夬に足らない莧陸に対し、夬のとりわけ優れたものを用いれば、中といっても光大とはいえない。だから、〝中行であれば咎はない〟という。中行とは、四陽とともにおりながら、反って上六を釈《ゆる》すことである。九五は上六と同体で、自分の身の一部であり（同じく上体の一部）、九四が進んで行くのを渋るのと同様である（九四の爻辞に、「九四は進むのを渋る」とある）」

切り捨てるまでもない弱い上六を、陽爻陽位で夬のとりわけ優れた者（九五）が切るのは、中庸の位にいる者にしては、輝かしい行為ではない。だから、中行（中庸の行ない）であれば、咎はない。中行とは四陽とともにおりながら、上六を許すことであるという。

東坡によれば、「中行」（中庸の行ない）とは、弱い上六を切り捨てないことになる。朱子も東坡も同じく扶陽抑陰の立場にありながら、両者の考えには相当な違いのあることが分かるであろう。

四十四　姤☰☴

○陰長而消陽、天之命也。有以勝之、人之志也。君子不以命廢志。

陰長じて陽を消すは天の命なり。以て之に勝つ有るは人の志なり。君子は命を以て志を廃さず。

「陰が勢いを伸ばして陽を消滅させるのは天命である。しかし、天命に勝つことがあるのは人の志である。君子は天命だからといって、志を捨てない」

姤卦は消息卦（臨卦参照）の一つで、直前の夬卦も同様であった。最下に生じた陰は、今は微弱だが将来必ず上に向かって勢いを伸ばし、最後には陽を滅ぼすと考える。最下の陰の上昇する勢いは天命と呼んでよい。しかし、天命だといって人間の努力をあきらめるのはよくないと、蘇東坡は忠告するのである。

陰は小人や悪人を象徴している。小人の伸長をいかに警戒しているかは、すでに『易』の経文の中に見えている。卦辞に「姤卦は勢いの壮《さか》んな女だから、結婚相手としてはならない」とある。ここの女性は、男女に限らず邪悪な小人の譬喩であり、小人が君子を篭絡していく勢いを警戒したと見ることができる。

初六にも「金属製の車止めにつなぐ。貞《ただ》しければ吉。進んで行けば凶にあう。痩せた豚が実にちょこちょこ跳びはねる」とある。東坡は次のようなことをいう。「金属製の車止めは九二（下から二つ目の陽）のことだ。初六の勢いは五陽をすべて得ることができる。しかし、彼女が始めて出遇う陽は九二である。九二に遇っていながら、それを捨てて他に欲を伸ばすなら、終身人から受け入れられないだろう。だから初は二につながれて、正しさを守っておれば吉である。初は痩せた豚だ。痩せていても信用できないのは、権力があるからだ。痩せているからといって信用すれば、ちょこちょこ跳びはねて制止できなくなる」

「権力がある」とは、初が下から上に伸長する強さを持っていることをいう。ここでは初が九二の制止を振り切って、他の陽のもとに出かけるのは初にとって凶だと解釈している。では、九二はどうか。

今述べたように、九二は最下の陰が最初に出遇う陽である。爻辞に「包の中に魚が有る。災いはない。賓に利がない」とある。東坡は次のようなことをいう。「魚」は初六、「包」は魚を閉じ込めて動きを止めるものである。本来初六は九四（下から四番目の陽）と正応の関係で、九四の手に入るべきものと考えられる。しかし、最初に出遇う九二が初六を手に入れてしまったと。東坡はここでは初六を民衆と見て、賓（九四）の手に入るべき民衆を九二が先に横取りしたと解釈している。ちなみに、朱子は次のようにいう。「九二はどうしても初をそこで止めなければならない。初を制止できず、他の陽に遇わせるようなことをすれば、陰の害は広がるであろう」

朱子の解釈では、九二は邪悪な陰の進出を、包の中に抑え込み、絶対止めなければならない。善人である陽を陰の接触から守ろうとする意志が強く出ている。

ところで、冒頭の言葉は陰（邪悪）の伸びる勢いを抑えねばならないという意味である。その点で東坡も朱子も同じく陽に味方をしている。しかし、両者には微妙なニュアンスの違いがある。東坡は天命に対する人間の努力の重要性に力点を置いている。対して朱子は人間の努力より、むしろ邪悪な陰を抑えることを主眼にしている。

東坡が人間の努力を勧め、人間の可能性に目を向けているのに対し、朱子は悪の除去という視点を主としているようである。

四十五　萃☱☷

○天下亦未有萃於一者也。大人者惟能因其所萃、而即以付之。
天下も亦た未だ一に萃《あつ》まる者有らざるなり。大人は惟だ能く其の萃まる所に因りて、即《つ》けて以て之に付す。

「天下には一つのものに萃まるものはない。大人物は萃まる所に任せて委ねておくだけである」

萃は「あつまる」「あつめる」意味で、卦形は上体が沢、下体が地。沢の水が大地に吸い寄せられてあつまることから、萃の名がついている。

孔子が書いたとされる『易』の繋辞伝という部分に「方は類を以て聚《あつ》まり、物は群を以て分かる」という言葉がある。蘇東坡は、「物には本来差異があるが、同類の似たもの同士で聚まる。つまり異から同が生れる。似たものが一緒に聚まれば、どうしても分派ができる。つまり同から異が生れる」と解説している。

萃卦の注では、さらに敷衍して次のようなことを述べている。「聚まれば必ず党派（グループ）ができる。党派ができれば必ず争う。だから、萃とは争いの大きなものである。萃卦の爻でそれを見てみよう。五は二を萃《あつ》める。四は初を萃める。三には応がないので近くの四が三を萃める。上には応がないので、近くの五が上を萃める。これは互いに争おうとする時ではなかろうか」

これは爻の関係を応と比の関係から捉えている。五と二は陽と陰の正応の関係。四と初も同じである。五と四の二つの上位者に向かって、応のない三と上が隣合うこと（比の関係）から、付こうとしている。つまり、五、二、上グループと四、三、初グループの間に勢力争いが起ころうとしているのが萃卦の真相である。五は君主の位、四は家老の位だから、普通は四は五に対して恭順な態度を取らなければならない。しかし、あつまるという卦において、四も五の近くにいて部下をあつめようとする有力者となっている。このように見てくれば、なるほど「あつまる」ことには争いがつきものだということがよく分かる。冒頭にあげたのはこの後に続く東坡の言葉である。さらに東坡は続ける。「自分に萃《あつ》まらない物がある。しかし、天下で物を萃める力がある存在を、自分だけが容認できるとすれば、その萃は大きい。今、五と二はどちらも中正で応じ合っている。萃卦の〝喜んで応じる〟という徳を体現しているのはこの両者だけだ。両者のあつまりだけで、十分で余り有るほどではなかろうか。自分に従う者は受け入れ、従わない者は従いたいと望むところに委ねる。これが大人物である」

「喜んで応じる」とは、萃卦の上体☱と下体☷がそれぞれ、喜ぶと柔順の徳を持っていることから、そのようにいっている。萃卦の徳を体現しているのは、上と下の中央に位置し、正位（陽爻陽位。陰爻陰位）を占めている五と二以外にない。五は正応の二を自分のもとにあつめるだけで良いのではないかと東坡はいうのである。

次いで五の注で次のようなことを確認している。

「九五は萃卦の主である。萃卦には四陰があって九四は二陰を分有している。五が位を気にかけては、四を許すことができない。位を自負して四を忌まわしく思うのは、せいぜい災いがない程度で、志がせまい。大人物は位を忘れて四に任せることができる。一体、位を忘れて四に任せれば、四はわがために役立とうとするだろう。そうなれば、二陰はどこへ行くだろうか（自分のところへ来る）。自分と六二以外に信頼関係のある者はいない。自分と信頼関係がない者は聚めようとせず、彼らが始め従おうとしたところへ、永く貞節であるようにさせる。これが後悔をなくす道である」

九五は位を自負することなく四に仕事を任せ、四に聚まる者にもその気持ちに任せる。それが結果的に四を働かせることになり、四のもとに聚まった者も自分のものにできる道だという。

東坡には相手を信頼すれば、必ずそれに応じてくれるという、善意を無条件に肯定する信念があるようだ。また譲ることによって、反って多くを得、結果的に争いに勝つという老荘思想の考え方も強いようである。

四十六　升䷭

○太王避狄於豳而亭於岐。方其去豳也、豈知百姓之相従而不去哉。亦以順物之勢而已。

太王　狄《てき》を豳《ひん》に避けて岐に亭す。其の豳を去るに方《あた》りてや、豈《あ》に百姓の相従いて去らざるを知らんや。亦《ま》た以て物の勢いに順うのみ。

太王は周の古公亶父《たんぽ》をいい、文王の祖父に当る。豳《ひん》に国を立てたが、夷狄の侵入を受け、無益な争いを避け一族と国を去って岐山の麓に移った。すると国民も徳を慕い付いてきた。司馬遷の『史記』に見える。冒頭の蘇東坡の言葉はその事実を踏まえている。「太王が狄を避けて豳から岐に移り、岐で神を祭った。豳を去るにあたり、彼は庶民が自分から去らずに付いて来ることが分かっていたであろうか。分かっていなかった。彼はただ物の自然の勢いに順ったまでだ」という。太王は人民の帰趨を計算して移ったわけではないということである。

升卦では爻は上に升ると考えられており、升ることに象徴される移動のことが主題となっている。初六では「まことに升ることができる。大吉」とある。初六は陰柔で弱いが、下体巽《そん》☴の主体となる爻で、強さも持つからそのように言う。陰爻が升って陽爻に遇う、或は陽爻が升って陰爻に遇うのは、升る所を得るものとされる。だから、初六は九二の陽に遇って大吉を得る。九二の陽は升って陽に遇うから、窮まる。

しかし、五に正応の陰があり、二を受け入れてくれるので心配はない。六四には「王用《もっ》て岐山に亨す（神を祭る）。吉。咎なし」とある。「王」は太王を指す。六四には九三の陽が升ってくる。九三は陽爻陽位で勢が強く、対する六四は陰爻陰位で勢いが弱いから、四は地を空け渡して三を避けるしかない。強い夷狄を避けた太王の立場を表わしている。六四の注で東坡は次のようなことを述べた。

「上に行く所があれば、下が升って来たとき、それを避けることができる。この地で失うものをかの地で償えば、争わないですむ。今、六四は下から三が升ってくるので、上の五に行こうとする。しかし、五は陰で四を受け入れてくれない。これでは、人情として必ず争いが起こる。しかし、六四は土地を空けて、三を待った。仁人でなければ、誰がこのようなことができようか」。これは、強暴な夷狄との争いを避けて移った太王の仁徳を称賛しているのである。

この後に続くのが、冒頭にあげた言葉である。太王は受け入れてくれるところもないのに、土地を空けて去った。闘わずして敗れたも同然である。しかし、この徳にうたれ、豳の人々は自然に彼に従って移ってきた。太王のたくらみのない、自然な行動に引き寄せられたのである。だから、爻辞には「吉」とある。

太王が四爻なら、豳を求めて攻めてくる夷狄は三爻である。三爻には「虚邑に升る」とだけあって、「吉」と言わない。「虚邑」は空になった邑で、太王の去った豳をいう。夷狄は闘わずして邑を手に入れたのに「吉」と言わない。東坡はいう。「陽爻陽位の至強の三が陰爻陰位の至弱に勝った。しかし、その禍福は分からない。人間次第である」と。これは東坡が夷狄の徳の無さを爻辞から読み取っているのである。

四十七　困☱☵

○困者、坐而見制、无能為之辞也。
　困は坐して制せられ、為すこと能うなきの辞なり。

困とは言うまでもなく、困窮、困難など苦境の状態を表している。卦形は上体が沢で下体が水。沢の水が下に漏れて、沢が涸れているから困という。

蘇東坡は陰と陽の対立の観点から、もう少し詳しく説明している。「九二（下から二番目の陽）は初六、六三の陰に上下から覆われている。九四、九五の陽は六三、上六の陰に上下から覆われている。だから困である」。この後に冒頭の言葉が続く。「困とは、なすところなく支配され、手出しができないことを意味する言葉だ」と。困は陽を主体にとらえ、陽が陰に覆われている状態を指していることが分かる。さらに東坡は続ける。

「陰が陽を害することは多く、みな侵略することによって、陽を害している。そこで陽は耐えきれず、陰と戦うに至る。戦は危道である。しかし、ここにはいわゆる困はない。困の世というのは、侵略されずに覆われることとである。陰はこれで陽を消滅させ、陽は怒りのやり場もない。その害は深い」

「真綿で首を絞める」とか「飼い殺し」という言葉があるが、困卦における陰のやり方はこれに近い。

積極的に攻めるのでなく、じわじわと遠まわしに攻めて陽のやる気を失わせるのである。「危道」とは『孫子』の「兵は詭道なり（正しい道でない）」を思わせるが、ここは「危険な道」で良いのではないか。戦をするのは危険な道だが、まだ陽は怒りを発散させることが出来るのだ。しかし、生緩い仕方で覆われると、陽は思い切った行動に訴えることができない。

しかし、東坡は一方でまた「小人ほど懐《なつ》けやすいものはない」とも述べている。

『易』では五と二は対応の関係にあり、二は五の君主を助けるために働く臣下と解釈されることが多い。困卦の二と五について東坡は次のようなことを述べている。「困の世では柔を以て剛を用いるのがよい。二と五はどちらも剛だが二は柔を以て剛を用い、五は剛を以て剛を用いている。天下で懐けやすいものは小人だ。陽が覆われているとき、力で陰と争えば、刀鋸（刀とのこぎり。刑罰）があっても不足である。懐けようとすれば、返礼の酒食が有り余るほどになる。九二が酒食に有り余るのは、小人を懐けるからだ。九五は下から覆う陰の鼻を削ぎ、上から覆う陰の足を切り、軽々しく威を用いる。威が窮まったとき相手は服従せず、大いに困ることになる。二に助けを望まなくとも、二を求めないわけにはいかない。だから、五は爵命（領地と官位）のための赤紱を多量に用いねばならず、二は求めずしてそれが向こうからやってくる」

「剛」「柔」は「陽」「陰」と同じで、「柔を以て剛を用いる」は、柔位（偶数位）に陽爻が居ることで陽爻陰位ともいう。「剛を以て剛を用いる」は、剛位（奇数位）に剛が居ることで、陽爻陽位ともいう。前者（二）は陽爻であるが柔軟な態度が取れ、後者（五）は陽の要素が強く、剛毅な態度しか取れないと考えられる。二は剛の中にも柔軟さをもって陰に対処する。相手を懐かせる方法が、二に酒食を豊かにもたらすのだ。対する五は剛ひと筋で陰に対処する。相手に苛酷に当る五の方法が、爵命を豊かに与えねばならない大きな損失を招くと東坡は警告するのである。なお、九二の爻辞の大略は「酒食に困しむ。朱紱《しゅふつ》来る。以て亨祀するに利あり」、九五の爻辞の大略は「劓刖《ぎげつ》する。赤紱に困しむ」となっている。

四十八　井䷯

○君子悪居下流、天下之悪皆帰焉。

君子は下流に居るを悪《にく》む。天下の悪皆な帰《き》すればなり。

『論語』の子張篇に出てくる孔子の有名な言葉である。蘇東坡も「孔子曰く」の後にこの言葉を続けている。『論語』の全文は「紂の不善は是の如《かく》くの甚だしからざるなり。是《ここ》を以て君子は下流に居るを悪む。天下の悪皆《み》な帰すればなり」となっている。紂は桀紂《けっちゅう》と併称される悪天子の典型で、桀は夏《か》の最後の天子、紂は殷の最後の天子であった。それぞれ聖天子とされる殷の湯王、周の武王の率いる革命軍に攻め滅ぼされた。紂にはさまざまの悪事が伝わり、「酒池肉林」といって、酒の池を作り、木の枝に肉をぶらさげ、裸の男女に乱交をさせて楽しんだとか、諫めた聖人比干《ひかん》の心臓を割いたとかいわれている。孔子によれば、紂の不善はそれほど甚だしくはなかった。しかし、一度悪い評判が立てば増幅され、悪事はみなその人のせいになってしまう。だから、君子は悪に身を置かないのだという。

東坡が孔子の言葉を引用したのは、井《せい》（井戸）の場所による水の澄み具合を問題にしようとしたためである。『易』の初六の爻辞に「井に泥があって食用とされない。古い井戸に鳥が居ない」とある。初六は井戸の中でも最下位の場所を指し、泥が多い。東坡は次のようにいう。「『易』は居るところで邪正を決めているが、しかし、必ずそうとは決まっていない。ただ、井戸だけは必ずそうだ。清潔な場所にあって清くなく、汚れた場所にあって濁らない井戸はない。だから、その居場所で邪正が決まる。初六は悪の集まるところであり、君子が天から受けたものはほとんどない。受けたものを養っていけば、日々新しくなり、養わなければ日々滅んでゆく。居を選ぶのは養うためである」

「天から受けたもの」とは、ここでは水をいう。初六は場所が最下位にあって、清潔な水がほとんどない。人間に置き換えれば徳がほとんどない。そのため、このように悪い爻辞になっているのだと東坡は解釈するのだ。爻辞の「鳥が居ない」は「人間も居着かず、最後には鳥も居なくなる」という最悪の状態を述べている。

場所に注目したもう一例を見る。九二の爻辞に「井谷鮒を射る。甕《つるべ》敝《やぶ》れて漏る」とある。東坡は次のようなことをいう。「九二の居場所は正しくない。だから、上に応がなく下に向かう。下に向かうのは谷の道だ。上に向かおうとせず、井としての道を失い、谷となるから井谷という。二が向かうのは初六で、これを鮒という。井戸に鮒が居れば、人はこれを嫌う。しかし、甕で汲まれようとしているのはなぜか。実は敗れて水が漏れる甕だ。素晴らしい器ならどうして汚すようなことをするだろうか。敗れた甕でなければ、このような井戸水を汲むことがない」。つまり、汚れた水には敗れた甕が似合うということだ。

「居場所が正しくない」は九二が陽爻陰位で正位を得ていないことをいう。「下に向かう」のは、九二にとって九五が正応でなく、下の初六の陰に比《した》しもうとするのである。東坡は場所の邪正を水の清濁とうまく関連づけて解釈をしたといえる。

四十九　革☱☲

○易曰、雲従龍、風従虎。虎有文而能神者也。豹有文而不能神者也。

易に曰く、雲は龍に従い、風は虎に従うと。虎は文有りて能く神なる者なり。豹は文有りて能く神ならざる者なり。

『易』の言葉は、孔子が書いたとされる乾卦の文言伝《ぶんげんでん》といわれる部分に見える。蘇東坡の注には、革卦の他に咸卦にも引用されている。一般に「同類は応じ合う」という意味で使われるが、東坡のニュアンスは少し違っている。「龍と虎は風や雲に求めるわけでないのに、風や雲はこれに応じる。聖人は下心がないのに、聖人に面会しようとしない者はいない。雲が龍に従い、風が虎に従うのは、理由があってそうするのではない」

これは「同類が応じる」というより、下心のない「自然な交際」という面に重点を置いた解釈である。ただ、革卦に出てくる虎は単に豹と比較しただけのように見える。

「虎は毛に鮮やかな斑文があって、神妙な働きをする。豹の毛は斑文があっても、神妙な働きはない」という。

革卦の九五に「大人虎変す」とあり、上六に「君子豹変す」とある。「君子豹変」は「君子が態度を改めるときは、豹の斑文のようにはっきりしている」ことから、「意見や態度を急に変える」ことにも使われる。「大人虎変」は虎の斑文のように目立った変化をいい、立派な改革が成就されることをいう。こちらの方が「君子豹変」より評価が高い言葉である。

　革卦で興味深いのは、卦形から見た東坡の解釈であろう。革卦の彖伝という部分に「革は水と火が互いに消しあい、二人の女が同居し、気持ちが通じ合わない。これを革という」とある。東坡は次のようにいう。

「水と火に男女の象があれば、物を生み出す。革卦は（男女の象のある）水と火ではない。二人の女が同居しているだけだ。二人の女が同居すれば睽《そむ》く（睽卦䷥は女同士で睽きあう）。革卦が女同士なのに睽きあわないのは、上体の兌《だ》☱（三女。沢。水）が下ろうとして、下体の離☲（二女。火）に遇い、離は上ろうとして兌に遇う。互いに背き離れようとしてもそれができないからだ。気持ちが通じ合わないだけでなく、離れることもできない。こうなれば、攻め合いになり、攻伐をやめなければどちらかが勝ち、革が起こる。また、火は金を革めることができ、離は兌を革める。だから革というのだ」

「水と火で男女の象があれば」とは、例えば既済卦䷾は上の水が男、下の火が女で男女の象がある。しかし、睽卦䷥では上が女、下も女で女二人の象でしかない。睽卦は二女と三女の女同士の同居で背きあう。革卦は女同士だが、上にあって下降しようとする水と下にあって上昇しようとする火が互いに近づきあって離れられない。気持ちが通じないだけでなく、離れようとして離れられない。ここに革の起こる所以を見たのである。「火」と「金」の関係は五行思想では火は金を熱して溶かし革める。火は革卦の下体の象徴、金は上体の象徴。火が上昇して上体の金を溶かし革めるのである。

五十　鼎䷱

○天下无完人。
　天下に完人なし。

「天下に完全無欠な人間はいない」

直前の革卦と鼎卦のつながりは密接とされる。革命によって天命を受けた者は、国の未熟な制度を固めて充実させなければならない。鼎は煮炊きをして生物《なまもの》を熟成させる器である。そこで、革卦の後に鼎卦が続くとされる。蘇東坡は次のように述べている。

「革を知って鼎を知らなければ、上下の分際が明らかでなく、位も正しくならない。せっかく受けた天命も、ふらついて行方が分からなくなる」

冒頭の語は初六の「鼎が足をひっくり返す。否を出すとよろしい。子供を得るために妾を持つ。災いはない」に付けた東坡の注である。彼の注の大要を始めからみよう。

「鼎卦の形は鼎の形になっており、初六は鼎の足に当る。二と三と四は鼎の腹に当る。初六と九四は正応の関係で、初六は応の九四に向いている。だから、〝足をひっくり返す〟というのだ。鼎の足は料理の始まりの部分、熟成した料理は腹の部分に当る。もし、料理が熟成してから、一部に不善の物が入っていたからという理由で鼎をひっくり返せば、せっかくの良い物も棄てられてしまう。これでは不善を排除しようとして、善まで排除するのと変りがない。もし、不善を排除するなら、初期の足の段階でひっくり返して出すべきだ。〝否を出すとよろしい〟はその意味になる」

初六の「足をひっくり返す」は、早い段階で鼎をひっくり返し、料理の中身を選別すること。料理の熟成を待つなら、善と不善が混じり合い、不善だけを選別して棄てることができない。料理の始まりで鼎をひっくり返すことに、不善の人物を棄てることが暗示されているわけだ。

しかし、東坡はまた次のようにいう。

「実（中身の善なるもの）は棄てたくない。棄てたいものがあるといって棄てたくないものまで出せば、天下の乱はこれより起こるかも知れない。足をひっくり返して否（不善）を出すのは、すべてを去る方法だ。すべてを去れば、鼎に実が無くなるのが心配である。聖人は人に対しその身を責めても、由来を問題にしない。現在を論じても、過去を考えない。いやしくも、赤毛で角が整っておれば、農耕用の牛の子でも問題はない。鼎は不善の中身を外へ出して棄てるとよいが、余りにも厳密により分けて、完全を求めるのはよくない。天下に完全無欠な人間などいない」。不善のものを早い時期に分けて除くのはよいが、厳密に過ぎれば、良いものまで無くしてしまうと危惧を述べている。赤毛のことは『論語』雍也篇に見える。耕牛の子でも毛並みがそろった赤色で角が整っておれば、祭祀用の牛として神にも認められる。悪人の子でも立派な子なら、見捨てられることはない意味で、孔子が弟子の子弓について批評したとされている。

「子供を得るために妾を持つ」は、子供が貴ければ、妾腹も問題ではないということだ。ここには完璧であることを厳しく求めず、かつ人間は出自が問題ではないとする東坡の考え方が表われている。

五十一　震☳☳

○震之為道、以威達徳者也。故可試而不可遂。

震の道為《た》る、威を以て徳を達する者なり。故に試むべきにして遂《と》ぐべからず。

「震の道は威で徳を伸ばすのであるから、試しに用いても最後まで用いてはならない」

卦形は震☳が二つ重なっている。易六十四卦の中で、上体と下体が同じ三画卦から成る卦が八つあり、これを八純卦《じゅんか》と呼んでいる。乾卦《けんか》☰☰、坤卦《こん》☷☷、震卦☳☳、巽卦《そん》☴☴、離卦☲☲、坎卦《かん》☵☵、艮卦《ごん》☶☶、兌卦《だ》☱☱である。震は、雷震や地震という言葉も有るとおり、地が動き、雷鳴で空気が震動することで、激しい恐怖を人に与える。震怒、震威という熟語もあり、天帝や君主の激しい怒りや威勢を表現することが多い。しかし、東坡は震威は徳を伸ばすために用いるものだから、最後まで用いてはならないという。彼は、怒りは和（なごやかさ）を含まなければならないという立場から、経文と卦形の結びつきを巧みに処理しているので見てみよう。

卦辞に「震がやってきたので、おびえる。笑いが起こる。震は百里を驚かすが、匙《さじ》と酒（祭器）を落とさない」とある。震☳はもと坤☷（大地）の下に一陽が生じ、大地を振動させる形で、当然陽が主爻で陰をおびえさせることになっている。東坡は解釈して次のようにいう。「〝震は百里を驚かす〟とは、遠くまで威が及ぶこと、〝匙と酒を落とさない〟とは、和をいうのである。もし震威があって和がなければ、倒れ伏したり、落ちて死ぬ者が出るだろう」

震☳には長男の象があり、匙と酒は宗廟の祭祀の時、長男が扱うことになっている。匙と酒を落とさないとは、震威が激しさばかりでないことと、祭祀を行なう長男が威があってもたけだけしくなく、まことに祭主となるにふさわしい人物であることを暗示している。

続けて初九の注で次のようにいう。「威を試しに振るうなら、相手を養って窮まることがない。最後まで威を振るえば、もてあそぶだけで止まることがない。初九は震を試みても最後まで続けないものだ。はじめは恐怖でおびえさせるが、続いて笑いが起こる。威を常用しないことを明らかにしているのである」。「試みても最後まで続けない」は、もう一つの陽が四にあることから導き出された言葉である。初九の威は六三で終わり、最後まで威を続けることがない。しかし、その威は大変強く、爻辞によれば六二、六三の陰はどちらも懼れて逃げ出し、態度を慎んでいる。これに対し、九四の爻辞には「威を震い続けて泥《なず》む」とある。東坡は「九四は初九の震を引き継ぎ、威を止めずに続けるものである。泥とは威が遠くまで及ばないことをいう」と述べる。初九に続く九四の震は二番煎じで弱く、威は遠くまで及ばず、六五、上六は懼れて逃げる必要がない。六五の爻辞に「往来あやうし」とあるのは、「その場にいてよろしい」意味、上六の爻辞に「征《ゆ》けば凶」とあるのも、同じような意味に東坡は解釈している。震威を常用すれば、効果がなくなるということである。

五十二　艮䷳

○所貴於聖人者、非貴其静而不交於物。貴其与物皆入於吉凶之域而不乱也。

聖人に貴ぶ所の者は、其の静にして物に交わらざるを貴ぶに非ず。其の物と与《とも》にして皆な吉凶の域に入りて乱れざるを貴ぶなり。

「聖人が貴いのは、静かで物に交わらないことが貴いのでなく、物とともにいて、吉凶の域に入っても乱れないことが貴いのである」

艮《ごん》卦は上下ともに艮☶で、震卦と同じく、八純卦の一つである。艮の象徴は「山」「止まる」。東坡の生きた宋代は儒学が復興し、特有の宇宙論を道徳や政治と結びつけようとした。その大要は「宇宙の根源を太極と名づけ、人間はすべてこの太極を宿している。人間の内に宿した太極は〈誠〉とも呼び、心の純粋な状態である。これが外物と接するとき、善悪が分かれ不純な要素が生れる。そこで、〈静〉を主とし、無欲で、できる限り中正を心がける必要がある」とする。これが、当時の理学者（宋学者）の基本的な考え方であった。そのため、「静」を象徴する艮卦は、『易』の中でも特に好ましい卦と考えられた。

冒頭にあげた東坡の言葉は、そのような「主静無欲」（静を主とし欲無し）の考え方に反対したものである。当時、程頤《ていい》や朱子は艮卦について大略次のようなことを論じた。「卦辞に〝其の背に艮《とど》まりて其の身を獲《え》ず。其の庭に行きて其の人を見ず。咎なし〟とある。〝心が止まるべきところに止まっておれば、身体が動いてもそれにつれて心が動くことがない。同様に自己の肉体の存在を忘れる心境であれば、人のいる庭に行っても、人物が目に入らない。このような静かな心境でいれば災いはない〟という意味である」。つまり、心が外物と接しなければ、欲望が生じないと考え、それが理想の状態で、聖人の述べた艮の意味であると捉えたのである。彼らは世間と全く没交渉であれと説いたのではないが、静座などの工夫で、出来る限り外物の刺戟を避けようとした。しかし、東坡はむしろ活発に動き、世間と積極的に交わることを勧めていた。

彼は静と動と止の概念について、およそ次のような興味深いことを述べている。「止と静は近いが同じ概念ではない。動いているとき、それを止めれば静が始まるのであり、静かなとき、それを止めれば動の先がけとなる。これは艮がその施すところを得ていることをいうのである」（彖伝《たんでん》注）。

これは「静」と「動」と「止」の三概念の差異、特に前二者と「止」の概念の差異を述べている。つまり、静と動はこれを「止」めることができる。静を止めれば動が始まり、動を止めれば静が始まる。しかし、始めから止まった物に止（艮）を施しても意味がないということである。例えば、車輪に車止めを施し、川にせき止めを施すのは意味があるが、山に山止めを施すのは意味がない。「艮卦は艮に艮を施している（上卦も下卦も艮☶）。これは背に艮を施しているだけだ。背はもとから止まっているのに、艮をどうして加える必要があろうか」と東坡は述べる。この口吻に彼の艮卦への限定的な評価を見ることができるのではなかろうか。

五十三　漸䷴

○无累於物、則其進退之際、雍容而可観矣。
　物に累なければ、則ち其の進退の際、雍容として観るべし。

「煩わしい関りを持たなければ、身を処するとき、ゆったりと落ち着いた様子がみられる」

「漸」は次第に進む意味で、各爻辞は鴻《おおとり》を象に取っている。各爻は鴻の居る場所を表わし、陽爻は鴻が現在居る場所が陸、陰爻は現在居る場所が水であることを示している。水に居る鴻は陸を得て安泰と考え、陸に居る鴻は水を得て楽しみと考える。今、九三の爻辞に「鴻が陸に漸《すす》む。夫は出かけて帰らない。婦は孕んでも育てない。凶」と見える。

現在、鴻は陸に居る。そこで進んで水を得て楽しもうとするが、応の上九も陽だから、「陸に漸《すす》む」という。上九は正応でないので、間近にいる四の陰に惹かれて身内を見棄てる。だから、「夫は出かけて帰らない」という。「身内」とは下体を一体とみて、身内と呼ぶのである。下に居て九三に比す六二は、九三の正妻ではないが、内縁の妻に相当する。九三は身内を代表する男性として、下の者に手本を示さなければならない。しかし、他の女性（四）に目移りするような態度では、二に命令しようとしても、うまく行かない。下の者は、上の者の行動に見習い、さらに程度が甚だしくなるものだ。だから、「婦は孕んでも（子を）育てない。凶」という。六二は夫の浮気を見習い、子を見殺しにするような女性になるのである。

ところで、六二の爻辞には、「鴻が磐《いわ》に漸《すす》む。飲食は衎衎《かんかん》と楽しげで吉」と見える。九三との関係から、六二は悪女で、不吉な爻辞が掛けられて当然のようだが、そうでない。『易』ではある爻の関係が一つの爻との固定した視点で観察されるのでなく、他の爻との関係で多面的に観察される場合が多い。したがって、ある爻との関係で不吉でも他の爻との関係では吉に変化することがあるのだ。

東坡は次のようにいう。「六二は現在水に居る鴻である。近くに三の陽爻があり、五には正応の陽爻がある。どちらに行こうと陸であり、満足を得る。そこで、最も頼れるものを択んで従う。三に従うのは近いが信頼できない（比の関係）。五は遠いが信頼できる（正応の関係）。どちらも陸だが、陸で最も安泰で信頼できるのは磐であるから、九五を〝磐〟という。六二は五が信頼できることを知り、三に漸《すす》まず五に漸めば食にありつけ、このように楽しみを得る」

九五は陽爻陽位で正位を得、最も大事な位であることから、盤石の「磐」に比擬されている。六二は比隣する三より当然五に向かうべきなのである。

ところで、陽爻をみれば、上九の陽だけが煩わしい関りから超然としている。そのわけは、今見るように九三は上下の陰に比し、陰との関係を棄てきれない。九五は正位を得ているが、応の陰とのしがらみから抜けだせないでいる。ただ、上九だけは下に正応の陰がなく、乱されることがない。爻辞に「その羽は美しく立派で、儀式の飾りに用いることができる」とあるのは、その意味だと東坡は解釈している。

五十四　帰妹☳☱

○苟不下則天地不交、男女不合矣。

苟《いやしく》も下《くだ》らざれば、則ち天地交わらず、男女合《がっ》せざるなり。

「もし上の者が下の者に下ろうとしなければ、天地も交わらず、男女の仲も通じず、何も生れない」

「帰妹《きまい》」の帰は「嫁《とつ》ぐ」、妹は「若い娘」。若い娘の嫁入が主題となっている。卦形を見れば上体は震で長男、つまり年を取った男性、下体は兌《だ》で少女（末娘）。少女には兌＝悦、つまり「悦ぶ」象があり、震には「動く」象がある。ふつうは少女が年取った男性を見て悦び動くと解釈する。卦辞に「帰妹。征《ゆ》けば凶」とあるのも、若い娘の軽率な行動を非難する言葉と取られている。しかし、蘇東坡は若い娘を迎え入れる年取った男性の「悦び」を表わすと解釈した。そこで、冒頭のような言葉が生れる。上位にある者（男性）が傲慢にふんぞりかえっていては、下位の者（少女）は畏縮して遠ざかってしまう。天も地に下ることから、天地の気が交わり万物が生れる。男性も女性にへりくだることから、新しい生命も生れる。君主が臣下に下るのも同じ意味だと東坡は考えた。しかし、同時に彼はその状態が永遠に続くことにも反対した。

「帰妹卦は貴ぶべき五の位に陰爻が居り、下の二の位に陽爻が居る。さらに三の陰が二つの陽の上に位置している。どちらも尊卑が逆で正しくない。上が下にへりくだらねばならないのは、この卦形から生じた一時的な仮の手段であり、永遠に続ける手段ではない」というようなことを述べている。しかし、いずれにしろ上下の気の交わりを重視し、一時的にしろ上位者の謙遜を説いていることはまちがいない。

東坡はもう一つ興味深い観察を行なった。上体・下体各三爻は、陰陽の数の少ない者を主と見るから、卦の本質的な役割りを持っているのは下体では三、上体では四である。しかし、強さから見れば、下体の三は陰爻陽位の不正の位で、初と二の陽爻より力が弱く、二陽爻の力に頼った弱小君主である。一方上体の四は陽爻で力が強く、五の陰爻の弱小君主の力を奪いかねない強臣である。今、初九に「若い娘が嫁ぐのに添い嫁を連れて行く。足が不自由だが歩くことができる。進んで行って吉」、九二に「目が不自由だが見ることができる。幽人の正しさを守ればよい」」、六三に「嫁ぐのに賤妾を連れて行く。戻って来て添い嫁を連れて行く」とある。東坡は大略次のようなことを述べる。

六三は足も目も不自由な若い娘だが、有能な初九、九二を添い嫁として、力も回復し先へ進んで行ける。初九、九二は自立できる力がありながら、臣下の分を守り、六三を助けている。「幽人」は隠者のことで、名を隠し、六三に名をなさしめている九二を褒めてそう呼ぶのである。しかし、もし六三が自らを有能と誤解し、二陽に頼らず無能な賤妾を連れて行けば、相手から拒絶され、再度添い嫁を連れていくほかないだろう。

同じ観察が上体でも行なわれている。六五に「帝乙　妹を帰《とつ》がせる。君の袂《そで》は添い嫁の袂の良さに及ばない。月は満月に近い。吉」とある。東坡は次のようなことを述べる。

五は上体の中央にいて、帝王の娘で十分な徳を備えた姫君と言ってよい。この姫君が嫁入するのに、四の言いなりのままに、衣服を飾り立てる必要があろうか。たとえ添い嫁の衣服の方が立派だとしても、内部の徳だけで十分に美しい。四に迫られて外面を飾り立てるより、むしろ月が満月に近づくようにさらにいっそう内面を飾り立てるほうがよろしいと。通常「満月」は、陰の勢いが陽に迫ることをいい、陽からの疑惑を招くとされる。しかし、ここでは姫君の内面の徳が充実することを示している。

「帝乙」とは、殷の湯王、或は紂王の父という説がある。東坡は若い娘の嫁入話の背後に、君臣関係を想定して論じているのである。

五十五　豊䷶

○蔽全則患蔽也深、闇甚則求明也力。
蔽全《まった》ければ則ち蔽を患《うれ》うるや深し。闇甚だしければ則ち明を求むるや力あり。

「完全に蔽われていれば、蔽われていることを深く心配する。闇《くら》さが程度を越えておれば、明を求めることに力が出る」

豊卦は上体が雷、下体が太陽。太陽の上で雷が鳴る盛んな勢いを表わしている。しかし、蘇東坡は「人智は憂患より生じ、愚は安佚より生じる。豊の患は常に闇に在る。だから爻はみな明闇で吉凶を分けている」と述べ（初九注）、明智と闇愚に関し示唆に富む考察を行なった。彼によれば、上体の震は勢いは盛んだが闇《くら》い。下体の離は「火」や「日」の象徴で、下から上に升る性質を持ち、明るさで闇さをひらく徳を持っている。そこで、下体の三爻はそれぞれ応の関係にある爻を啓発しようと上に向かっていくと考える。

爻の関係を東坡の意見によってさらに見てみよう。初九は九四に向かっていく。九四は陽爻で陰位に居るため、不正位で闇さに悩んでいる。しかし、蔽われていること（闇さ）に悩み、啓発を求める時は、陽同士であっても相手を受け入れ拒むことはない。爻辞に「（初九が）往《ゆ》けば尚すあり」というのはその意味だという。「尚」とは、「配偶」の「配」と同じで、配偶者に遇うようにうまく行く意味になる。しかし、四の闇さが去り、明るくなったとき、初はそこを去らねばならない。なぜなら、元来強い陽は初の陽の強さに疑いを持つことになるからだ。それが爻辞の「旬といえども咎なし」の意味だという。「旬」は初の功績が十分に浸透すること。「十分浸透するが咎はない」とは、「功績が十分を過ぎて、なお居続ければ咎がある」意味になる。九四の強さは憂患をともにできても、安楽をともにできないわけだ。

六二と九三も、それぞれ六五と上六に進んでいく。六五と上六の二者はどちらも陰で闇い者である。しかし、五は上体の中に位置し、闇に居て明を求めようとする柔順さがある。一方上六は高い位置に居るせいで明を装い、自分勝手に行動しようとする。六二が六五にいくのは、いわば完全に蔽われて甚だ闇い者に向かうことである。そこで、東坡は冒頭の文章のように言う。続けて、「六五の闇は啓発しなければそれまでだが、啓発すれば明るくなる。陰同士で六二は最初六五に疑われる。しかし、二は下体離☲の賢明の主爻で、明の出るところだから最後には信頼される」と述べている。

九三が上六にいくのは、いわば明と闇が中途半端に雑ざった者に向かうことである。上六は人を用いる能力はなく、また人に頼らず行動するには不足がある。だから大きな事はできない。君子は蔽われることを心配せず、中途半端を心配する。なぜなら、中途半端には啓発すべき時がないからだ。役に立とうとしてもできないし、役に立たないでおこうとしてもできない。だから、自分の右肱をわざと折って、働けないことを示して、ようやく解放されるのだ。

「右肱云々」は爻辞に「(九三は)その右肱を折って咎なし」とあるのに基づいている。東坡によれば、完全な闇愚より、中途半端な明智が一番扱いにくいということになる。

五十六　旅☲☶

○居二陽之間、可以徳懐、不可以力取。如以一矢射両雉、理无兼獲得。

二陽の間に居れば、徳を以て懐《したし》しむべし。力を以て取るべからず。一矢を以て両雉を射る如し。理として兼ねて獲得することなし。

上体は離で火、下体は艮で山。孔穎達《くようだつ》の『周易正義』では「火が山の上にあり、草を追って移り、永く留まることがない。だから旅の象がある」と述べている。蘇東坡は「六五と六二の陰が権力を持つ地に居て、三陽がその間に身を寄せている。だから旅という」と述べている。『易』では五は君主の位、五の応である二は権臣の位とされることが多い。それで「権力を持つ地」（原文は「事を用うるの地」）という。東坡の解釈では旅に寄せて、人間関係の諸相や衝突、徳と力の差異などを考察している。ここでは、徳と力に関する意見を主として見てみよう。冒頭の文章は、六五に付けられた注で、「五の陰は強力な二陽（四と上）の間に居る。このような時は力で相手を取ろうとせず、徳で相手を引き寄せなければならない。二本の矢で雉を得ようとしても、両方とも得られる道理はない」意味になる。

東坡は旅の本質について、「旅においては正式な主というものがいないから、近くに居る者同士が寄り合うものだ」と述べている。今、卦形を見れば、六二から上九までは陰と陽が隣あい、助け合って寄り合うことになる。ところが、初六だけは陰同士隣あうので、助け合って寄り合うことができない。六二の下つまり最下に一人孤独に位置し、心細さを嘆いて六二に隷属するしかない。六二は九三の陽の下に居て、強力な九三に取られる立場にある。六二に隷属する初六も、九三が三自身の宿りである二を焼いて取ろうとすれば、自分にも災いが及んで来る弱い立場である。

九三は上位に居て陽爻陽位で強い。九三にとって二は自分の宿りであり、初は二に隷属している。二を自分に親しませ、自分のものにすれば、初もまた自然に自分の童僕になる。しかし理不尽にも義を忘れ、二の陰を取ってしまおうとし、二を焼いて初を取れば、一挙にして二つとも失うことになるだろう。そのような乱暴な行為はやめるのがよい。ここで東坡が主張するのは、力の否定と徳の重要性である。

六五でもこの考え方は貫かれている。

「六五が仮に力で取ろうとせずに、矢を持たず射ることがないならば、二陽は働きをつくし、功績の名誉をもつことになり、領地を授け、官職を与えることが可能である。そうなれば六五は単に四を得ることができるだけでなく、上も得ることができる」と述べている。

徳と力を比べ、徳によって二陽を親しませ、その働きを引き出すことを狙いとして解釈している。儒者は力より徳を重視するが、東坡も儒者の立場を鮮明にしている。同時に、上位者の徳に下位者は応分の対応をしてくれるといい、武器を棄てて相手を感応できると考えている。宗教的な信念のようなものを持っていたようである。

五十七　巽☴☴

○君子和而不同、以巽継巽、小人之道也。无施而可、故用於申命而已。
　君子は和して同ぜず。巽を以て巽を継ぐは小人の道なり。施して可なるなし。故に命を申《かさ》ぬるに用いるのみ。


「君子は他人との和を貴ぶが、道理に合わないことまで同調しない。そのような堅固さを持っている。巽（謙遜）に巽を継ぐ弱さを持つのは小人の道である。この時には命を実行させようとしてもできない。ただ、何度も繰り返して命の内容を知らせるだけだ」

「君子は和して同ぜず」は『論語』子路篇に見える。君子は調和を貴んでも、無暗に同調しない強さを持っている。しかし、巽卦は上体も下体も巽☴が重なっている。巽は柔順、謙遜の美徳を持っているが、謙遜に謙遜が続くので性格的に弱い面がある。これでは命令を実行に移すことができないので、何度も繰り返して命令の内容を伝えるのがよろしいという意味になる。

　この卦において、東坡は権と位ということに焦点を当てて論じている。巽卦の主爻は初六と六四の二陰爻で、これが巽の本質を表わす爻であるから、権があると言える。しかし、初六と六三は権があっても位があるとは言えない。一方、他の爻はすべて陽ということで性格的な強さを持っている。ここに陰と陽の対立の諸相が生れてくるのである。

初六の陰は位がないのに権があることで、九二、九三の陽から嫌われる。また、初六は権があるので、力を持っていると過信しがちである。爻辞に初六を「武人」と述べているのは、小人であって権があるのを『易』では「武人」というのだと東坡は論じている。ここの「小人」とは低い位に視点を当てているようだ。「武人」は履卦にも見えた。

九二は陽爻で陰位に居り、しかも中位であるから、強さばかりでなく人にへりくだることもできる。彼は権が初六にあることを知り、牀《ベッド》の下にへりくだるようにして、初六の働きを求める。しかし、初六は武人だから相手の態度を見て行動を決めようとする。九二があわててへりくだるばかりでは、武人の福ばかり先行することになる。

九三は陽爻で陽位に居り、強さが盛んである。そのため、権が初六にあることを知りながら、心では初六に服しない。しかし、相手を屈服させるほどの力はない（力があるのは九五である）。だから、初六の存在を憂えている。

六四は権があるのに位がない点で初六と同じである。初六の場合、九二が謙遜すぎるので、力を過信する欠点が生れた。六四の場合、九五は中正の位で、四の存在を忌むことがなく、四に謙遜すぎることもない。この極めて正々堂々とした自然な態度に四は心服して働きを示そうとするのである。

東坡はここでは陰陽の爻と位の関係を巧みに捉えて、爻辞を解釈している。ちなみに、陰陽の爻と位を全面的に出して解釈している卦に无妄卦がある。

五十八　兌☱☱

○其心易知、其為害浅。其心難知、其為害深。
其の心知り易《やす》くして、其の害為《た》るや浅し。其の心知り難《がた》くして、其の害為るや深し。

兌《だ》は悦と同じで、「喜悦」の象を持っている。先に見た帰妹☳☱は下体が兌で、兌のもう一つの象、若い娘と合わせて、若い娘が悦んで上体の成人男性に向かう説があることを述べた。兌卦では上体と下体に二つの兌があり、東坡は兌（喜悦）の種類について考察している。また、陽の君子が陰の小人にどのように対処するかも論じられている。

初九と九二の陽は六三の小人との距離が問題とされている。初九は六三の小人から距離が遠く、小人と交際する嫌疑から免れる。しかし、九二は六三の隣にあり、小人の存在を喜悦していると疑われやすい。そこで九二は初九の信頼を最初に得ておれば、陽の仲間を裏切ることもなく、後悔することもなくなる。東坡が「文予《ゆる》して実予さず」と述べているのは、九二が表面は小人の近くで、彼に気を許して悦んでいるように見えて、実はそうでないことを述べたものである。

九四と九五の陽は上下から陰の小人に挟まれている。九五は君主の位に当る。九四は君主の傍らに居て、小人たちが君主に近づくのを防ぐ忠臣の役割りを演じる。東坡は言う。「『春秋左氏伝』に〝美食の病は人の嫌う薬石に劣る〃という。九四はこれらの陰の間に介在し、持ち前の剛で君主を補佐し、二陰を商議し、落ち着く暇もない者である。疾が去ってようやく喜びを得ることができる」（六三・九四注）。

「疾」は病気のような災い、害をいい、ここでは君主に取り入る二陰の甘言の害を指している。甘言の害は人に嫌われる忠言（薬石）より劣るというのだ。

六三と上六の陰はどちらも陽を甘言で陥れようとするが、ではどちらが悪質であろうか。東坡は彼らの位置という観点から次のようなことを指摘している。「二者はどちらも陰を質とし、喜悦に務めている点は同じである。両者を比較すれば、六三は当位でなく（陰爻陽位）、悪であることがはっきりしている。甘言で近づこうとする心は分かりやすく害は浅い。しかし、上六は外に超然と構え（上は無位の隠遁者の位）、何も求めていないように装って取り入ろうとする者である。自分から近づこうとせず、誘われてからはじめて近づいてくる。その心は知り難く、その害は深い。だから九五は剝ぎ落とされる危険に陥る。しかし、九五は正当の位に居て（陽爻陽位）、正体不明の小人を信頼して剝ぎ落とされそうになったのである。小人の心を知らずに、彼を賢者としたのであり、小人の実を悦んだのではない。もし、小人の実を知っておれば、彼を去らせたであろう。だから爻辞に〃危うい〃とあるが、凶ではないのだ」

東坡は底の浅い悪と、深い悪の二種類があることを述べている。古来、隠遁は名声を得て仕官するための手段であったともいうが、隠遁者の中にこそ質の悪い悪人も居たようだ。東坡はここでは九五の善意を持ち出し、上六の悪質さをより際立たせている。

五十九　渙☴☵

○古之善治者、未嘗与民争而聴其自択、然後従而導之。
　古の善く治むる者は、未だ嘗て民と争わずして其の自ら択ぶに聴《まか》せ、然る後従いて之を導く。

渙卦は水☵の上を風☴が吹く形で、「散らす」「散る」の意味。蘇東坡は水の徳についてしばしば言及するが、この卦では民を水に喩えている。ひところ、福島を中心とする東日本大震災のなまなましい被害の惨状が毎日マスコミや新聞紙面を賑わせていた。被害の中でも二十メートルとも報道される津波の被害は圧倒的であった。中国銭塘江の海嘯は有名だが、それを遥かに超えて想像を絶する水の破壊が行なわれたのだ。

水は日頃柔弱で温和に見える。しかし、ご存じのように『老子』はその岩をも砕く強さに注目した。蘇東坡も寛容な政策が招く恐ろしさを水に喩えた、鄭の子産の言葉に言及している（坤卦参照）。渙卦の注で東坡は次のように述べた。

「治まっている世は、大川が安らかに下に流れて行くようなものだ。乱れるときは、決潰して四方にあふれて止めることができない。水はそれを楽しんで行なっているのではない。思うに水の性質に逆らうものがいるから、とめどなくあふれるのだ。しかし、逆らうものは必ず衰え、水の性質は必ずもとに戻る。

水は安んじるところを選んでそこに落ち着くのだ」と。その後に冒頭の言葉が続いている。「民をよく治めた古人は、民と争うことをせず、彼らが選ぶところにまかせた。その後、それに従って彼らを導いたのである」

中国の民は一握りのばらばらの砂とよく言われたが、集団になったときの怖さと力は計り知れない。中国の知識人たちは何度も起こった革命によって、そのことを知りつくしているのだろう。日頃柔順でおとなしい民の怖さを喩えるのに、水は十分にふさわしい。東坡も水のような民に逆らうことなく、民の欲するところに従いつつ、巧みに操縦する法を説いたのである。この卦はまた戦乱でちりぢりになり、安住できない民を、一つにまとめることの重要性が説かれている。しかし、卦辞には「王が祖先を祭る廟に至れば、大きな仕事ができる」と、一見疎《うと》く見えることが書かれている。しかし、東坡はこれこそ良策とし、次のようなことを述べている。

「先王は民のちりぢりの中にあって、民を得ようと争うのでなく、落ち着いて長久の計を考える。宗廟が立ち、祖先を祭る位が定まって、はじめて天下民衆の心はつなぎ止めるところができるのだ。九二や六四という有能な臣下が民を得ることができるが、まだ民心はちりぢりになっている。これをまとめるのは九五の王しかいない。王が廟に至るようになって、はじめて大川を渉るような大きな仕事ができるようになる。こうなって、ようやく渙は落ち着き先ができるのだ」と。衛の国の執政に採用されれば、まず「名分を正したい」といって、子路から「世事に疎《うと》い」と批判された孔子のことを思いださせる（『論語』子路篇）。東坡によれば、もちろん孔子の疎さの方が正しいことになるのである。

六十　節☵☱

○節者、事之会也。君子見吉凶之幾、発而中其会。謂之節。
節なる者は事の会なり。君子吉凶の幾を見、発して其の会に中《あた》る。之を節と謂う。

上体は水、下体は沢で、上体の水の流入が下体の沢の水量の程度によって調節されることが象徴されている。

「節」に関する言葉としては右記の「調節」と同じく、「節度」という言葉を思い浮かべる。「ほど良い程度」「ちょうど良い程度」の意味である。我々の欲望の場合、過剰に流れやすいので、「ほどほどに抑える」意味で「節度」が使われることが多い。しかし、「ほど良い」意味なら、過剰を抑えるばかりでなく、不足を補うために増し加えることも節度であろう。そうだとすれば、「節」は過不足どちらにしろ、ちょうどよい程度に均《なら》すことである。ちょうど良い巡りあわせ、最適の時期という意味にもつながる。ここの「事の会」とは、その意味であり、節卦の主旨も最適の時期を見失わないようにすることである。

蘇東坡は冒頭の言葉に続けて、次のように説明する。

「『詩経』の中の東方未明という詩は、君主に節のないことを非難している。詩には〝時の早晩を考えることができず、早すぎなければ、遅すぎる〟とある。節のない者が事の会を識らず、早きに失し、遅きに失することを言うのだ」と。

「東方未明」は、昔の注釈によれば君主のお召しが時を得ていないことを非難した詩である。東坡もその意見により、最適の時期に合わせることが節であるのに、この暴君はグッドタイミングを知らないというのだ。

最適の時期の選択について、東坡は『易』の他の個所でも言及している。

「心の中がしっかりしない者は、畏れることがなければ、でたらめになる。でたらめだと物事に対して早すぎ、畏れれば物事に対し遅れることになる。それに懲りて改めれば、最適の時期を会得できずに終わってしまう。しかし、物事の幾を知る者はそうではない。上の者と交際しても諂《へつら》わず、畏れるところがない。下の者と交際しても犯し汚すことがなく、でたらめなところがない。上に畏れるところがなく、下にでたらめなところがなく、事が発生すれば行動するだけである」（繫辞伝下五章注）。

「物事の幾」とは「物事の小さな兆し」の意味である。先に見た豫卦にも、静かな闇さの中に身を置くゆえに、状況を子細に観察でき、最適の行動が果断に取れる人物のことが称賛されていた。

節卦に戻れば、上から流入する水に栓をして止めるには、初九では沢の水量が不足で早すぎ、六三では沢の水量があふれて遅すぎる。そこで九二の時期で止めるのが最適と考える。若者に対しても、欲望を早く抑えすぎても、遅く抑えすぎても良くない。最適の時期でなければ、止める方も困難、止められる方も苦しみ、相手を恨むことになりがちだ。最適の時期とは難しいものである。

六十一　中孚☴☱

○乗天下之至順、而行於人之所説、必无心者也。

天下の至順に乗りて、人の説《よろこ》ぶ所を行なうは、必ず无心《むしん》の者なり。

「中孚」は「心の中の誠実」の意味。卦形は真ん中に二つの陰爻があり、中が空虚になっている。空虚を腹蔵がないこと、つまり「誠実」と取り、また心が雑多な観念に乱されていない「虚心」や「無心」の意味に取る。

卦形は上体が巽《そん》で「木」を象徴している。彖伝には「大川を渉るのによろしいのは、木に乗って船は空虚だからだ」とある。「木」は「船」に通じる。「船は空虚」とは、卦形の中央が空虚であることを船の中が空虚なことに見立てたのである。重い荷を積んでいない船は、大きな川を順調に進んで行くことができる。そこで、「大きな川を渉るのによろしい」といった。

蘇東坡は『易』で上体が巽☴、しかも経文に「川を渉る」という語がある場合、必ず「木」にも言及していると述べている。例えば、益☴☳の彖伝に「大川を渉るのによろしいのは、木道が行なわれるからだ」とあり、渙☴☵の彖伝に「大川を渉るのによろしいのは、木に乗って功があるからだ」とある。ここの中孚の彖伝の言葉と合わせて、すべて巽《そん》の功績があることを明らかにしたものだと論じた。「木道が行なわれる」は、船が順調に進む意味である。

冒頭の言葉に戻り、再度卦形を問題にすれば、上体の巽には「木」「柔順」の意味があり、下体の兌《だ》には「沢」「悦ぶ」意味がある。そこで、冒頭にあげた言葉のように、東坡は上下の卦形から、巽（木）でもって兌（沢）を行くイメージを描き、また「天下の至順に乗り、人の説《よろこ》ぶことを行なうのは、必ず无心の者である」と述べた。続けて、「〝舟虚（内が空虚な舟）〟は无心の謂いである」という言葉が続く。これは為政者が空虚な船のように、無心にもとづいて政治を行なえば、人民が柔順で喜び順うことを意味している。冒頭の言葉は結局君主の持つべき「無心」の徳の重要性を述べたものと言うことができよう。

卦形について、東坡はさらに次のような面白い考察を行なっている。鳥類の卵は外が剛強で内は柔らかい。中孚卦の上下が剛爻で中央が柔爻なのと類似している。外面が強く、内部に柔らかさを持つ、このような形に「誠実」があり、子を生み出すことができるのであると。

では中孚と卦形が似ている頤卦☶☳の場合はどうなのか。

頤☶☳と中孚☴☱は内に陰柔があり、虚心を示し、外に陽剛がある点で同じに見える。しかし、頤には信《まこと》や虚心の意味はない。なぜだろうか。東坡によれば、頤は内（初爻と上爻を除く、二爻から五爻）に陽剛が無いので、生気がない。その点、中孚は陽剛が内にあり、しかも中位を得ていることで正しさを具え、上卦と下卦にそれぞれ一柔があることで、静かで久しいという徳がある。これが頤と中孚の違いであると述べた。

人物も外面の剛と内面の柔だけでは、気骨が感じられないということであろう。本当の人物は内面の柔の中にも陽剛の気を持たなければならないのである。

六十二　小過☳☶

○臣之僣也、必孤其君遠其民、使其君如飛鳥之上窮。
臣の僣するや、必ず其の君を孤にし、其の民より遠ざけ、其の君をして飛鳥の上窮するが如くにせしむ。

「臣下が出過ぎたふるまいをするときは、君主をひとりぽっちにさせ、民より遠ざけ、空飛ぶ鳥が行き詰まるようにさせる」

鳥は空に飛び上がるより、下に降りて木の上に休むほうが安定している。君主も同じように、上に行くより下に降りて民の味方を得るほうがまさっている。しかし、君主の権力を盗もうと企むものは、君主を上にのぼらせ、行き詰まるのを待っている。

小過とは小（陰）が過剰の意味である。数の上からみても、四対二で陽の劣勢は明らかになっている。陰は君臣に分ければ臣を意味するから、臣下の勢いが過剰の意味になる。逆に君主には勢いがない。蘇東坡によれば、小過は三と四の陽が君主に当る。しかし、この両者はともに君主として正当な五の位におらず、中位も得ていない。だから、数の上で劣勢だけでなく、威厳も力もないということだ。

三の君にとって臣下は初と二、四の君にとって臣下は五と上と見られている。ご存じのように、孔子が書いたと伝えられる書物に『春秋』という歴史書がある。一つ一つの文章がメモ風で簡潔すぎるにも関らず、孔子が短い語句の中に高い理念をこめたとされ、対立する学派によって意味の穿鑿が争われてきた。東坡は、たとえ聖人であろうが、喜怒や恨みの感情は語句の中に現われるはずだから、語句の気の向かうところを見れば、文章は自然に理解できると述べている（春秋論）。今『易』の経文を見れば、メモ風の短文で、深い暗示がこめられている点で『春秋』とよく似ている。

そこで、小過にもどれば「弑《しい》」と「戕《しょう》」の区別を東坡は問題にした。「弑」と「戕」はともに『春秋』で用いられる。九三の爻辞に「過ぎないのに、これを防ぐので、戕せられることもある。凶」という。東坡の注によれば、大略「二は中正（下体の中央で、かつ陰爻陰位の正）で、僭越な行為をしない強臣である。三の君主は剛であるが、不中で容易に人を受け入れず、二の臣にさえ疑いの目を向けて拒絶する。二は君主から疑われることで、主を戕（あやめること）があるのだ」という。「過ぎない」とは二が中正であり、僭越で出過ぎた行為をしないことである。また、「弑」と「戕」の違いを説明して、「弑は原因が次第に積って生じたもの、戕は短時日になったもの。これを戕と言うのは、二にはもともと逆らう気持ちがなく、咎は三にあることを明らかにしたのだ」という。東坡によれば、二の三に対する恨みは突発的に生じ、積年の恨みによって計画的になったものではないとする。

『春秋』には、「邾の人が鄫子を鄫で戕した」とある（宣公十八年）。左伝学派によれば、国内からでなく、他国の者が本国に来て君主を殺すのを「戕」と称するとする。他にも残虐な殺し方を「戕」と称するというような説もある。東坡の意見は二語の差異から人間関係のこじれの悲劇を二面的に読み取ったもので、これはこれで面白い説だと考える。

六十三　既済䷾

○凡陰陽各安其所、則静而不用。将発其用、必有以蘊之者。

凡そ陰陽各々其の所に安んずれば、則ち静にして用あらず。将に其の用を発《ひら》かんとするは、必ず以て之を蘊《つつ》む者有り。

既済《きせい》は「完成」や「成就」の意味になる。『易』を研究した漢代の学者に虞翻という人物がいた。呉に仕えて『三国志演義』にも登場してくる。彼の易注は魏の王弼《おうひつ》注の盛行で一部滅びたが、幸いにして大部分が残り、今でも見ることができる。彼は『易』の注釈にあたって、当位、不当位ということを重視した。豫卦でも述べたように、当位は陽爻陽位（陽爻が奇数位にある）、陰爻陰位（陰爻が偶数位にある）、不当位は陽爻陰位、陰爻陽位をいう。彼によれば、不当位の爻は正当な位でないから、爻同士を動かし位を替える操作を行なって、経文の意味を理解しようとした。そして、動かした結果が最終的に既済卦になれば、安定を得るという言い方をして喜んだ。「安定を得る」とは、既済䷾の爻がすべて当位で安定していることに注目したものである。

冒頭の蘇東坡の「陰陽各々其の所に安んず」とは、既済の陰爻、陽爻がそれぞれ正当な位を得て、安定を得ていることを述べたのである。また、別の見方をすれば、上体は坎☵で陽卦、下体は離☲で陰卦（小畜ならびに履卦参照）。これも陽剛が上、陰柔が下で表面は安定を得ている。ところで、安定を得た者は、ややもすればその場所に落ち着き、動こうとしない。それを「静にして用あらず」と表現した。「用あらず」とは「働きがない」「役立たない」意味。既済は天が上、地が下に落ち着き、動きのない閉塞に陥った否卦の状態と似ているといえよう。

　しかし、東坡は既済の卦形にまた別の一側面を見ていた。彼はおよそ次のようなことを述べる。「（卦形は）水☵が火☲の上に在る。火は炎になって燃え上がろうとするが、水が上にあって十分に燃え上がらない。火が怒る理由である。陰爻がすべて陽爻の上に乗っている。そのため陽爻が進もうとしても十分に進めない。陽が奮い立つ理由である。火が怒れば険（けわしさ）があろうと、必ず進んで行く。陽が力を奮えば、困難であろうと必ず成し遂げる。これが既済卦の本質である」

　東坡によれば、既済は表面安定に見えて、実は内部に大きな不平がこもった状態と見るのである。冒頭の東坡の文章の後半はそのことを述べている。「大きな働きを招くのは、それを覆っているものがあるからだ」という。火山の大爆発を招くのは、それを抑えつけ、閉じ込めるものがあるからである。永年の鬱積したものが、突然に爆発を呼起す災害は我が国にも多い。表面の静寂の中に大きな鬱積を見る東坡は鋭い観察力を持っていた。

　マイナス面ばかりでなく、プラス面にも目を向けなければならない。大きな才能の開花は、強い不平の鬱積があるからである。伸びようとしてどうしても伸びきれない。しかし、その間の努力の蓄積が、あるとき突然に開花する。これこそ始めから順調に開花した才能より、さらに強くたくましいものではなかろうか。

六十四　未済䷿

○未済、非不済也。有所待之辞也。蓋将畜其全力、一用之於大難。

未済は不済に非ざるなり。待つ所有るの辞なり。蓋し将に其の全力を畜《たくわ》え、一たび之を大難に用いんとするなり。

「既済」が完成の意味なら、「未済《びせい》」は未完成の意味になる。「済」は『爾雅』という古い辞書によれば、「成す」「渡る」意味があり、既済も未済も狐が水を渡る象を取っている。既済は水を渡りきる意味、未済は水を渡りきらない意味、そこにも完成、未完成の意味がある。また、後世の教えである仏教にも「済度《さいど》」という言葉があるように、人々を苦界《くがい》から救い出し、涅槃《ねはん》に運ぶ意味がある。よって、「救う」意味にも通じる。未済は既済の否定と見えるが、しかし、努力しないで投げ出す意味ではない。

「未済は不済に非ざるなり」という蘇東坡の冒頭の文章は、そのことを述べている。「待つ所有る」以下は、「未済とは待つことがある場合に使われる言葉で、機会を待って全力をたくわえている。ひとたび大難が起きたときに、その力を用いようとするのだ」という意味。既済卦で述べたように、長く蓄積した力の方が爆発力は大きい。

ところで、未済は既済を上下逆方向から見た卦である。そこで、今未済の九四を取上げれば、この爻は既済の九三に相当する。爻辞を比較しても、既済の九三では「高宗が鬼方を伐つ。三年にしてこれに克《か》つ。小人を用いることなかれ」、未済の九四では「震用《もっ》て鬼方を伐つ。三年にして大国に賞せられること有り」と内容も同傾向を思わせる。これによって、『易』の卦の配列順は、逆方向から見た卦に意味がある場合があり、両卦に内容的なつながりもあることが分かる（既済と未済は陰爻と陽爻を逆に置き換えた卦でもある）。「高宗」は殷の高宗、鬼方は北方の異民族と見られている。

今見たように、既済と未済では内容が類似している。しかし、東坡は両者の微妙な違いを問題とした。つまり、どちらも三年で鬼方に勝利しているが、既済では「小人を用いてはならない（事後の論功行賞で小人を取上げてはならない）」とし、未済では「大国に賞せられる（賞として大国を与えられる）」と逆の言葉が書かれている。また、未済では既済にない「震」という語が用いられている。今、既済と未済で君臣関係を見れば、既済では九五が君主、九三が臣下、未済では六五が君主、九四が臣下となっている。

そこで、東坡は次のようなことを論じた。「未済では国はまだ困難から抜け出ていない。だから、呉越同舟で大風に出遇ったようなものだ。敵対していても上下の心は一つになるから、上は下をはげまし困難に当らせてよい。既に渡りきってしまえば（＝既済）、困難から抜け出ている。困難から抜け出てしまえば、上が民を働かせれば、下から恨みを買いやすく、下が上のために働きを示せば、上から疑われやすい。未済では九四の臣は陰柔の五の君主に負けぬほどの強臣である。彼が震威を以て君主を嚇すのはよくないが、震威を以て鬼方を伐つのはよい。三年で勝つか勝たぬか分からなくとも、賞として大国を与えられる。なぜなら国難がまだ平定されていないからである。もし、国難から抜け出ているなら（＝既済）、臣は必ず威を君主に用いることになり、君主もその臣を疑うことになろう。既済の九三は九五を君とするが、臣と主は陽でどちらも強い。だから、〝高宗が鬼方を伐つ〟といって、三の臣は五の主のために働くことを示したのだ（高宗自身が伐つような書き方をしているのは、三はあくまで五の輔佐であることを暗示したのである）。高宗の賢をもってしても、勝利までに三年を要したのは、既済の世では民が大事のないことに安んじて、用いることができないからである。未済の世で大国を賞として与えるとき、相手が君子か小人かを問題にするであろうか。国にとって功があった（なら与える）。しかし、既済の世では小人に賞を与えてはならないとは、相手（臣下）をすでに疑いの目で見ているからである」（既済九三注）。

ここに見られる東坡の観察は、既済と未済の類似の語句の相違を微妙な君臣関係の相違から論じていて興味深い。

おわりに

蘇東坡には「春宵一刻値千金」とか、「人生字を識るは憂患の始めなり」とか、「廬山の真面目を識らざるは、只身此の山中に在るに縁る」など、よく知られた言葉が残っている。人口に膾炙された言葉でなくとも、機知にあふれた着眼で、人生の思いがけない真実をあぶり出すような言葉もしばしば見られる。本書では、彼の残した『易』注釈の中から、そのような片鱗をうかがわせるもの、易思想の根本につながるものなど、ごく短い文章を選んで解釈を施し、『易』理解のための基本的な法則にも言及した。

政治、文学、芸術、医学、料理と多方面な才能を発揮した蘇東坡の文章が、論文に取上げられることは驚くほど多いが、『易』に関連した言及は、数が極めて少ないのが実情である。首尾まとまった『東坡易伝』の著作を残しているにもかかわらず、この方面の東坡はまだ十分に認知されていないようである。本書出版の一つの意味もこの点にある。

東坡の学識の一端は本書で知っていただくとして、ここで占いを立ててみることにした。

本書出版の可否を占って、大有䷍を得た。大有は「大いなる所有」の意味で、天の上に太陽が輝く大変めでたい卦である。唯一の陰爻はこの卦の主体となる爻であり、陽に取り巻かれ、ちやほや甘やかされ、何でも望みがかなえられる卦といえる。しかし、私は東坡の解釈を次のように理解した。彼がここで強調しているのは、むしろ所有しないことの自覚をもたねばならないことであり、それが謙虚に通じ、結果として強みになるのだと。つまり、陽━の充実に比べ、中が空虚で力のない陰╍は、力のなさによって謙虚であるべきであり、その謙虚が人を引きつけ、所有を生み、結果として力が生まれるということである。

しかし、私が時々繙くもう一つの易書によれば、大有には二爻から五爻までに夬《かい》の形があり、三爻から上爻までに睽《けい》の形があることをゆめゆめ忘れてはならないとあった。夬と睽の形があるとは次のようなことだ。

第二爻から第五爻のうち、第五爻から下の三爻を上体とし、第二爻から上の三爻を下体として新しい卦を作ると夬☱☰ができる。同じように、上爻から下の三爻を上体とし、第三爻から上の三爻を下体として新しい卦を作ると睽☲☱ができる。これらの卦も参考にしなければならないということである。

夬には追い落とされるイメージがあり、睽には乖き合うイメージがある。私にとって成程と警戒させられるところがあった。

なお、本書はこれ一冊で完結しているが、以前出版した『易学ガイド』『蘇東坡の易』（ともに明徳出版社）と互いに補うところがあり、本書の理解に役立つ面があるので、参考にしていただければ幸いである。

索　　引

著者略歴

塘　耕次（つつみ　こうじ）

1946年　岡山県津山市出身。愛知教育大学名誉教授。専門は中国哲学。著訳書に『易学ガイド』、『蘇東坡の易』（ともに明徳出版社）、『米芾』（大修館書店）、『米芾』（二玄社）など。論文に「項穆の『書法雅言』」、「唐甄と修養論」、「銭穆『師友雑憶』訳」など。

汲古選書64

蘇東坡と『易』注

二〇一三年十一月二十二日　発行

著　者　塘　耕　次

発行者　石　坂　叡　志

印　刷　富士リプロ㈱

発行所　汲　古　書　院

〒102-0072　東京都千代田区飯田橋二―五―四

電　話〇三（三二六五）九七六四

FAX〇三（三二二二）一八四五

ISBN978－4－7629－5064－3　C3311

58 台湾拓殖株式会社の東台湾経営—国策会社と植民地の改造—

林玉茹著 森田明・朝元照雄訳 5775円

59 莊綽『雞肋編』漫談 安野省三著 3675円

60 中国の愛国と民主 水羽信男著 3675円

61 春秋學用語集 續編 岩本憲司著 3150円

62 佯狂—古代中国人の処世術 矢嶋美都子著 3150円

63 中国改革開放の歴史と日中学術交流 川勝守著 4725円

64 蘇東坡と『易』注 塘耕次著 3360円

（表示は本体価格＋消費税５％／2013年11月現在）

29	陸賈『新語』の研究	福井重雅著	3150円
30	中国革命と日本・アジア	寺廣映雄著	3150円
31	老子の人と思想	楠山春樹著	2625円
32	中国砲艦『中山艦』の生涯	横山宏章著	3150円
33	中国のアルバ—系譜の詩学	川合康三著	3150円
34	明治の碩学	三浦叶著	4515円
35	明代長城の群像	川越泰博著	3150円
36	宋代庶民の女たち	柳田節子著	3150円
37	鄭氏台湾史—鄭成功三代の興亡実紀	林田芳雄著	3990円
38	中国民主化運動の歩み—「党の指導」に抗して—	平野正著	3150円
39	中国の文章—ジャンルによる文学史	褚斌杰著 福井佳夫訳	4200円
40	図説中国印刷史	二刷 米山寅太郎著	3675円
41	東方文化事業の歴史—昭和前期における日中文化交流—	山根幸夫著	3150円
42	竹簡が語る古代中国思想—上博楚簡研究—	浅野裕一編	3675円
43	『老子』考索	澤田多喜男著	5250円
44	わたしの中国—旅・人・書冊—	多田狷介著	4200円
45	中国火薬史—黒色火薬の発明と爆竹の変遷—	岡田登著	2625円
46	竹簡が語る古代中国思想（二）—上博楚簡研究—	浅野裕一編	4725円
47	服部四郎　沖縄調査日記	服部旦編 上村幸雄解説	2940円
48	出土文物からみた中国古代	宇都木章著	3150円
49	中国文学のチチェローネ—中国古典歌曲の世界—	高橋文治編	3675円
50	山陝の民衆と水の暮らし—その歴史と民俗—	森田明著	3150円
51	竹簡が語る古代中国思想（三）—上博楚簡研究—	浅野裕一編	5775円
52	曹雪芹小伝	周汝昌著 小山澄夫訳	6300円
53	李公子の謎—明の終末から現在まで—	佐藤文俊著	3150円
54	癸卯旅行記訳註—銭稲孫の母の見た世界—	銭単士釐撰 鈴木智夫解説·訳註	2940円
55	政論家施復亮の半生	平野正著	2520円
56	蘭領台湾史—オランダ治下38年の実情	林田芳雄著	4725円
57	春秋學用語集	岩本憲司著	3150円